MISSION

DES CARIRIS

HISTOIRE DE LA MISSION

DU

P. MARTIN DE NANTES

CAPUCIN DE LA PROVINCE DE BRETAGNE

CHEZ LES CARIRIS

TRIBU SAUVAGE DU BRÉSIL

1671-1688

RÉIMPRESSION EXÉCUTÉE PAR LES SOINS

DU R. P. APOLLINAIRE DE VALENCE

religieux du même Ordre.

ROME

ARCHIVES GÉNÉRALES DE L'ORDRE DES CAPUCINS

Place Barberini

1888

RELATION

SUCCINCTE ET SINCÈRE DE LA MISSION

DU

P. MARTIN DE NANTES

PRÉDICATEUR CAPUCIN, MISSIONNAIRE APOSTOLIQUE

DANS LE BRÉSIL

PARMI LES INDIENS

APPELÉS CARIRIS

A QUIMPER

CHEZ JEAN PERIER

Imprimeur du Roi, du Clergé et du Collège

A JÉSUS-CHRIST

Adorable Sauveur, prosterné aux pieds de Votre divine Majesté, avec les sentiments de la plus profonde humilité et d'une reconnaissance la plus tendre qu'il m'est possible, je vous offre ce petit ouvrage, et le mets au pied de votre Croix. Je reconnais que le simple récit que j'y fais des amoureux effets de votre grâce à l'égard des pauvres sauvages, à la conversion desquels il vous a plu m'appeler, quoique indigne, est le fruit du sang que vous avez répandu pour le salut de tous les hommes.

Mon juste regret est de n'avoir pas contribué en tout ce que devais, pour seconder les desseins amoureux de votre miséricorde sur ces pauvres misérables, et de n'avoir pas cueilli une moisson plus grande et plus abondante pour vous la présenter. Je vous offre, du moins, ce peu que j'ai fait, avec le secours de votre grâce, d'un cœur reconnaissant, et avec un sincère aveu que tout le bien qui a eu lieu dans ma mission vous appartient, et que, au contraire, tout ce qu'on pourra remarquer de défectueux, est l'effet de ma faiblesse et de mon peu de vertu.

Je vous supplie aussi très humblement, ô mon divin Rédempteur, par l'amour que vous portez à nos âmes, et le zèle ardent que vous avez de leur salut, d'inspirer efficacement ceux que vous connaissez capables de cet emploi, si important à votre gloire, de se sacrifier de bon cœur à cette mission, d'autant plus agréable à vos yeux, et avantageuse à ceux qui s'y emploieront, que ces pauvres Indiens sont disposés à recevoir la foi et à devenir bons chrétiens, si on s'applique comme il faut à leur conversion. Je souhaite aussi que ceux qui liront cette petite Relation joignent leurs prières aux miennes, afin d'obtenir de votre miséricorde ce que je lui demande pour le salut de ces pauvres Indiens. *Amen.*

PRÉFACE.

Vous serez peut-être surpris, mon cher lecteur,
de ne pas trouver dans cette Relation les actions
éclatantes, les aventures et les merveilles que
vous aurez lues dans les relations des missions du
Japon, du Pérou, de Siam, de la Chine, de la
Cochinchine, du Tonkin et de quelques autres
royaumes, dans les Indes, où tant de grands
missionnaires ont signalé leur zèle, et plusieurs
ont scellé leur mission de leur sang, aussi bien
que plusieurs de ceux qu'ils ont convertis à la foi.
Il a plu à Dieu de faire éclater sa puissance dans
ces royaumes policés et peuplés de plusieurs mil-
lions d'âmes, parce qu'il l'a jugé nécessaire pour
leur conversion ; mais, n'ayant pas été appelé de
Dieu à ces grands emplois, qui surpassaient mes
forces, et nos missions de la province de Bretagne
étant limitées au Brésil et à la Palestine, je n'ai
travaillé qu'à la conversion des pauvres sauvages,

qui n'ont ni rois, ni lois, ni gouvernements, ni arts, ni sciences, ni écritures, et qui vivent plutôt en bêtes qu'en hommes (sur quoi je vous prie de faire réflexion). Dieu n'a pas fait des choses si extraordinaires pour leur conversion, parce qu'il ne l'a pas jugé nécessaire, quoiqu'il en ait fait assez pour leur faire connaître la vérité, et pour les mettre dans la voie de leur salut.

L'occasion du martyre ne s'y présente pas non plus pour nos missionnaires, ni pour les nouveaux convertis, parce qu'il n'y a ni princes, ni lois qui menacent de mort ceux qui prêchent l'Évangile, et ceux qui le reçoivent. Il y a, néanmoins, assez d'occasions de souffrir, par le défaut des commodités de la vie, par les persécutions du dedans et du dehors, et par les périls où on se trouve exposé, si on veut s'acquitter de son devoir, comme vous le verrez dans cette Relation. Vous y trouverez, aussi, bien des motifs d'admirer la bonté de Dieu dans la conversion de ces pauvres sauvages : vous y verrez les merveilleux effets de la grâce, et une Providence amoureuse pour la protection des missionnaires. Ainsi, vous aurez de quoi contenter votre curiosité et votre piété. Mais ne vous scandalisez pas du récit de quelques actions qui vous paraîtront un peu trop hardies ou trop fières, ou même téméraires, ce qui ne convient pas à un ministre de l'Évangile, qui ne doit avoir que de la douceur, de l'humilité et de la patience. Souffrez que je vous dise que les missionnaires, parmi les sauvages, sont obligés de faire l'office de gouverneurs, de juges, de médecins, de pères et de mères, et de protecteurs contre les injustices et les violences des Portugais, habitants de ces lieux, dont la plupart sont des criminels exilés du Portugal, ou des gens vicieux, qui, se voyant éloignés de 150 lieues ou plus des gouvernements, opprimeraient les Indiens, et commettraient une infinité de désordres, comme ils faisaient avant notre arrivée, à l'ombre de l'impunité et du défaut d'opposition, si les missionnaires ne prenaient de l'autorité, et ne marquaient de la résolution pour les en empêcher. Il faut même faire paraître du courage aux Indiens pour les réduire à leur devoir, comme l'expérience le fait voir ; car, s'ils aperçoivent de la timidité dans un missionnaire, ils le méprisent, et ne font que ce que bon leur semble, ne connaissant pas, dans ces commencements, ce que c'est que la vertu.

Pardonnez aussi, mon cher lecteur, à la simplicité du style, qui se ressent de l'âge de son auteur. Je ne pensais à rien moins qu'à rendre cette Relation publique ; je ne l'avais faite que pour obéir à mes supérieurs, qui souhaitaient être informés de ce qui s'était passé dans notre mission : elle est donc écrite succinctement et dans la simplicité d'une information qui ne devait paraître qu'à leurs yeux. Mais feu Monseigneur l'évêque de Cornouailles, François de Coëtlogon, en ayant eu connaissance par un entretien que j'eus l'honneur d'avoir avec lui, me marqua désirer la voir, et, s'en étant fait faire la lecture, il me pressa de la faire imprimer. Enfin, après plusieurs instances qu'il eut la bonté de me faire sur le même sujet, il me fit l'honneur de m'en presser encore par lettre, en termes les plus obligeants, jugeant qu'elle serait d'édification aux lecteurs, et servirait d'instruction à ceux que Dieu appellerait à cet emploi, leur faisant connaître par ce simple récit les travaux auxquels il faut s'exposer pour réussir dans cette entreprise, si importante à la gloire de Dieu et au salut du prochain. Le respect et l'obéissance que je devais à cet illustre prélat, plein de bonté pour moi et pour toute notre religion, m'ont donc obligé à la faire imprimer, toute simple qu'elle est, avec la permission de mes supérieurs, qui, à la vérité, auraient souhaité que le style en eût été plus châtié. Mais le temps et l'embarras m'ont empêché de la retoucher. Usez donc, mon cher lecteur, de condescendance à mon égard sur ce sujet. J'ai lieu d'espérer que vous entrerez dans les sentiments de cet illustre défunt, auquel j'aurais pris la liberté de la dédier, si Dieu ne l'eût appelé de ce monde avant qu'on en eût imprimé le tiers ; c'est pourquoi vous y lirez le nom de Monseigneur en quelques endroits. J'espère, enfin, que cette lecture vous portera à rendre grâces à Dieu des faveurs qu'il a faites à ces pauvres sauvages, et à le prier de leur envoyer de fervents missionnaires, pour continuer à travailler à leur conversion. C'est ce que je vous demande humblement et instamment, et part en vos prières. *Vale*.

RELATION

SUCCINCTE ET SINCÈRE DE LA MISSION

DU

P. MARTIN DE NANTES

PRÉDICATEUR CAPUCIN

———•◦○⦂◦○•———

COMMENCEMENT DE LA MISSION.

L'obédience de notre Révérend Père Provincial, Ange de Mamers, du 15 février 1671, m'envoya prêcher à Lisbonne, pour passer de là au Brésil, dans la flotte.

J'arrivai au Brésil le 3 août. De là à peu de temps, je m'en allai dans une aldée, à septante lieues de Pernambuco, parmi une nation d'Indiens qu'on appelle Cariris, avec lesquels demeurait un digne missionnaire Capucin, nommé le Père Théodore de Lucé, qui est mort à la hauteur des Isles, retournant du Brésil à cause de ses infirmités, continuelles depuis quelques années. Ce religieux était en grande estime à Pernambuco, où il a été supérieur après plusieurs années de mission. Il mourut cette année dernière 1686.

Cette aldée, ou bourgade d'Indiens, fut découverte en l'année 1670 par un Portugais nommé Antonio

Dolivera, qui, cherchant un pâturage pour y mettre du bétail, rencontra, sur la rivière de Parahyba, une troupe de ces Indiens, qui pêchaient, à cinquante lieues environ de la ville de Parahyba. Ce capitaine, ayant obtenu d'eux la liberté et la sûreté de mettre là du bétail, après leur avoir donné quelques petits présents, vint incontinent à Pernambuco, voir s'il ne trouverait pas quelque missionnaire qui voulût s'établir avec ces Indiens, et à la faveur duquel son bétail pût être en sûreté.

Il trouva chez nous le Père Théodore, Capucin, arrivé depuis peu, qui cherchait l'occasion d'aller en mission parmi les Indiens. Celui-ci partit donc, avec l'obédience du supérieur du lieu, accompagné de ce capitaine, qui le fit escorter par une douzaine d'Indiens appelés *Caboucles*, voisins et amis, qui étaient des aldées dont nous avions l'administration, à dix et douze lieues de Pernambuco, et qui avaient connaissance des Cariris susdits.

RENCONTRES ADMIRABLES.

Ils eurent d'assez notables rencontres, faisant chemin parmi ces vastes déserts. Ils rencontrèrent, au milieu d'une vaste forêt qu'ils traversaient, une grande pierre de granit de la hauteur d'environ neuf pieds, large de six, très bien taillée, sur laquelle était gravée la figure de la Croix du haut en bas, et au-dessous était un globe; à côté, deux personnages qu'on ne pouvait bien distinguer, à cause de la mousse, et, autour, une manière de Rosaire gravé. Cette rencontre surprit le Père, et causa une extrême joie

mourir, les derniers devoirs à Monsieur l'Évêque de
Pernambuco, dans le couvent de sa Congrégation
de l'Oratoire, où il avait appelé ce Père, par l'estime
et l'affection qu'il avait pour lui, comme partageant
avec lui, par son zèle, le soin de son troupeau.

PLAN DE LA RELATION.

Je ne soumets pas à Votre Grandeur une descrip-
tion exacte du fleuve de Saint-François, ni des
Indiens qui habitent sur ces rivages : le Père François de Lucé en a fait une fort exacte. Je lui rapporterai seulement le fruit qu'on a fait et qu'on peut
faire parmi la nation des Cariris et les autres qui
sont le long de ce fleuve, à proportion : c'est ce
que Votre Grandeur désire plus particulièrement.
Et, afin qu'Elle en juge plus clairement, je vais Lui
représenter, premièrement, l'état où était cette
nation avant d'être convertie à notre sainte foi;
en second lieu, l'état où elle se trouve depuis sa
conversion.

PREMIÈRE PARTIE.

——◆◇◆——

L'IDÉE DE LA RELIGION DES CARIRIS.

Quant au premier, il faut supposer que ces pauvres Indiens, n'ayant ni foi, ni lois, ni rois, ni arts, qui sont les aides et les guides d'une vie raisonnable et politique, étaient tombés dans tous les désordres que peut causer ce défaut général. Ils étaient tellement abrutis par leur manière de vie très grossière, et toute dans les sens, qu'on peut dire qu'ils n'avaient que la figure d'homme et les actions de bête.

Leur culte à l'égard des dieux qu'ils s'étaient imaginés, était aussi ridicule et honteux que les choses qu'ils adoraient. Ils avaient un dieu qui présidait aux légumes que la terre produit, un autre à la chasse, un autre aux rivières et aux poissons ; et, à tous ces dieux, ils faisaient en certains temps des fêtes, et leur rendaient leurs adorations. Ils leur présentaient quelque espèce de sacrifice des mêmes choses qu'ils en recevaient, avec des cérémonies peu différentes, qui consistaient en danses, peintures sur leur corps, festins, et presque toujours impudicité, faisant peu de cas, dans ces occasions, des adultères mêmes.

SANS GOUVERNEMENT.

Les femmes, ordinairement, dominaient leurs maris ; les enfants ne respectaient point leurs père et mère, et n'en étaient jamais châtiés. Quoiqu'ils eussent, en chaque aldée, un capitaine, ou gouverneur, il n'avait aucune autorité, sauf en temps de guerre. Il y avait parmi eux des sorciers, ou pour mieux dire des trompeurs, qui devinaient, à ce qu'ils pensaient, les choses futures, qui guérissaient les maladies, et les donnaient aussi. J'ai lieu de croire que quelques-uns de ceux-là avaient quelque commerce avec le diable. Ils n'avaient, pour remède à tous maux, que la fumée du tabac et certaines conjurations, en chantant certains airs aussi sauvages qu'eux, sans prononcer aucun mot.

ERREURS PERNICIEUSES.

S'il arrivait que le malade ne se trouvât pas mieux, ils en imputaient la faute à quelqu'un, qui l'avait ensorcelé, et qui empêchait l'effet du remède. Ils le désignaient comme s'ils en eussent été sûrs, et aussitôt les parents du malade, sans autre preuve que l'accusation, allaient tuer l'accusé, sans que personne, ordinairement, s'y opposât, de crainte d'être accusé lui-même. De sorte qu'il arrivait rarement qu'il mourût quelqu'un qui fût aimé et qui eût appelé ces imposteurs pour le guérir, sans qu'ils fissent une victime avant ou après sa mort, le plus souvent devant le malade mourant, afin qu'il guérît. Car ils ne

croyaient point mourir naturellement, mais par la
malice seule des sorciers, s'ils n'étaient point parve-
nus à une extrème vieillesse. Ainsi, personne n'était
assuré de sa vie, chacun pouvant être accusé de sor-
cellerie par quelqu'un de ses ennemis.

HOMICIDES PRÉQUENTS.

C'est pourquoi ils se portaient avec ardeur à tuer
et brûler ceux qui étaient accusés d'être sorciers,
pour n'être pas soupçonnés eux-mêmes ; laissant massacrer et massacrant quelquefois de leurs mains leurs
plus proches. Les parents de la victime ne manquaient pas, dans une autre occasion, d'accuser ou
faire accuser les meurtriers ; ainsi périssaient-ils
misérablement. Le démon les entretenait dans cette
erreur par des succès qui paraissaient des preuves
incontestables de leurs observations ; car ils tom-
baient quelquefois malades par la seule imagination
d'avoir été ensorcelés, comme je l'ai vu, et, lorsqu'on
tuait le sorcier accusé, le malade perdait la crainte
et recouvrait la santé.

CAS ÉTRANGES.

J'ai été moi-même la cause innocente de la mort
d'un homme d'une autre nation, qui s'imagina que je
l'avais ensorcelé, parce que je l'avais menacé de
paroles, pour avoir fait, sur une femme de notre
aldée qui avait une légère douleur à un bras, ces
sortes de conjurations que nous cherchions à ôter.

On faisait aussi aux filles des scarifications sur les bras et sur les mains, afin qu'elles fussent bonnes filandières.

C'est ainsi que le démon abusait de ces pauvres misérables, et les martyrisait cruellement. Ils étaient tellement attachés à ces observations, qu'il fut très difficile de les leur ôter. Si quelqu'un en laissait quelque chose, et que dans la suite il lui arrivât quelque disgrâce, il croyait aussitôt que c'était pour avoir laissé les anciennes coutumes. Les anciens, plus particulièrement, les entretenaient dans cette opinion, et s'opposaient autant qu'ils pouvaient aux bons désirs de la jeunesse ; celle-ci, plus facilement, aurait renoncé à ces cérémonies, qui lui étaient fort à charge et très pénibles.

C'est là une partie de l'état déplorable où j'ai trouvé les Indiens de cette nation, pourtant la moins dépravée de toutes les autres ; car ceux-ci, bien que d'ailleurs ils vécussent en des désordres effrayants, ne mangeaient ni chair humaine, ni certaines espèces de serpents et autres immondices, et ne faisaient pas d'autres abominations, lesquelles ils appellent fêtes du diable, Elles le sont, en effet, et je n'ose pas dire en quoi elles consistent, pour ne pas offenser la pudeur.

Dieu ne permit pas que je connusse d'abord tous ces dérèglements ; car j'aurais cru qu'il était moralement impossible de faire jamais de bons chrétiens avec de pareils hommes, et je les aurais abandonnés. Mais, comme ils sont naturellement timides, ils faisaient si bien les hypocrites, qu'on aurait dit qu'Adam n'avait pas péché en eux. Je découvris donc peu à peu leurs misères, et par laps de temps j'y appliquai les remèdes, avec le secours de Dieu, mais avec des peines incroyables et souvent avec péril de ma vie ; car le démon ne manqua pas de me susciter des ennemis de toute part, dedans et dehors, parce que je voulais détruire son royaume.

Il ne faut pas s'étonner que des Indiens sans foi, sans loi, sans écriture, sans arts, soient tombés dans de si effrayants désordres, puisque nos ancêtres, nous dit l'histoire, dans l'aveuglement du paganisme, en ont commis de semblables, par le motif de religion même, quoiqu'ils eussent tous les autres avantages de la vie civile et morale. Le démon, qu'ils adoraient dans les idoles, se plaisait à les abuser de plus en plus en toute sorte d'abominations. Il faut donc se persuader que tout ce qui peut naître d'une nature corrompue, instiguée par le démon, se trouve parmi les Indiens, avant leur conversion ; il n'y a de différence que du plus ou du moins. Il s'en est trouvé, néanmoins, parmi le grand nombre, quelques-uns qui se contenaient beaucoup dans les limites de la loi naturelle, entre autres le capitaine de l'aldée d'Ouracappa. Il y en a, de l'un et de l'autre sexe, qui ont le naturel très docile, et qui facilement se portent à la vertu, quand ils la connaissent.

Cela supposé, il me reste maintenant à faire voir l'état où se trouve à présent la nation des Cariris, sur le fleuve Saint-François, après avoir embrassé la religion chrétienne.

SECONDE PARTIE.

J'ai expérimenté, à l'égard de ces pauvres Indiens, ce que saint Paul écrit dans son épître aux Romains : *Ubi abundavit peccatum, ibi superabundavit et gratia ;* car, depuis que j'eus appris leur langue, avec bien de la peine faute d'interprète, je leur fis voir si clairement l'absurdité de leurs erreurs, l'extravagance de leur culte, et l'horreur de leurs abominations, qu'eux-mêmes en demeurèrent étonnés, et rougirent de leurs bêtises ; aussi les quittèrent-ils peu à peu.

Premièrement, ceux qui étaient bien nés, ouvrirent plus facilement leur cœur à la grâce, qui fit des merveilles dans ces bons cœurs, comme une bonne semence dans une bonne terre. Les autres vinrent ensuite avec plus de résistance, et les derniers ne se rendirent qu'aux châtiments, qui leur ouvrirent les yeux.

Comme je les trouvais plus bêtes qu'hommes, je m'appliquai d'abord à les former peu à peu à une vie raisonnable et civile, leur parlant souvent, dans les discours que je leur faisais tous les jours, de ce qu' se pratiquait parmi les gens policés ; leur représentant par le détail, selon la portée de leur esprit et de leur état, l'utilité de la vie civile. Ils l'approuvaient assez dans la spéculation, et avouaient au contraire le désordre et le malheur de ceux qui vivaient sans lois et sans gouvernement. Je leur rendais tout cela sensible par leur propre expérience.

Pour leur faire mieux comprendre ce que je disais, j'envoyais les jeunes gens, autant que je pouvais dans la ville de Bahia, pour s'informer là par leurs yeux, sans quoi ils n'auraient jamais pu se former une idée vraisemblable ni de maisons, ni de palais, ni d'églises magnifiques, ni de républiques, n'ayant jamais rien vu de tout cela. Ainsi, ils ne savaient ce que c'était que beauté, magnificence, grandeur, ni même quantité, autrement que par la vue : ils ne comptaient que par les doigts de leurs mains et de leurs pieds, sans pouvoir former un nombre ; et pour marquer une multitude, ils montraient les cheveux de leur tête. Il était donc très difficile, avec une telle ignorance, de leur donner une idée des choses spirituelles et invisibles, ne pouvant s'élever à leur connaissance par la beauté des choses sensibles, qu'ils ne connaissaient pas. Voilà pourquoi je les envoyais à Bahia dans toutes les occasions qui se présentaient. J'y envoyai même le capitaine.

Ensuite, à force de leur faire observer les choses qu'ils voyaient devant leurs yeux sans y faire réflexion, comme le soleil, la lune et les étoiles, leurs influences, leurs grandeurs, que je leur rendais sensibles par la comparaison des choses éloignées, qui paraissaient toujours plus petites et finissent par disparaître ; puis, par les relations de ceux qui revenaient de la ville, pleins d'admiration de ce qu'ils y avaient remarqué, ils vinrent peu à peu à se former une idée sublime de la grandeur de Dieu et de ses perfections, de l'excellence des biens de la vie future, et aussi des peines, après cette vie, de ceux qui auront mal vécu. Mais, surtout, la grâce de Dieu opérant sur leurs âmes beaucoup plus que toutes les démonstrations humaines, leur entendement fut éclairé, et ils prenaient un singulier plaisir à m'entendre parler de ces charmantes nouveautés, que je leur rendais sensibles autant qu'il m'était possible, par des comparaisons à portée de leur esprit ou de leur vue.

ÉCRITURES.

Entre autres choses, ils admiraient les écritures, qui conservent si fidèlement la mémoire des choses passées ; car je leur parlais de la création du monde la Bible à la main, que j'appelais le livre de Dieu. Je leur nommais notre premier père Adam, et Ève notre première mère, leurs descendants et leurs actions mémorables, l'espace de leur vie et le temps de leur mort. Je comparais la sainte Écriture avec ce qu'ils me voyaient faire pour me souvenir de leurs noms, de la naissance, du mariage et de la mort de leurs enfants ; car j'écrivais le tout, pour en laisser la mémoire certaine à ceux qui viendraient après nous. Et je vins là-dessus dans un grand détail, pour leur faire mieux comprendre ; de sorte qu'ils demeurèrent très persuadés que l'écriture conserve la mémoire inviolable des choses passées, et que sans elle tout s'oublie, on prend l'erreur pour la vérité,

comme ils le voyaient par l'expérience de tous les
jours, oubliant peu à peu ce qu'ils avaient appris.

COMMENCEMENT DE GOUVERNEMENT.

J'introduisis peu à peu parmi eux quelque gouvernement, établissant pour l'église et pour le civil des
officiers, que j'autorisais du mieux qu'il m'était possible, et que j'attachais à moi par de petits présents
et par le respect et l'obéissance que je leur faisais
rendre, afin qu'ils m'appuyassent dans le besoin.

Pendant tout ce temps-là, je ne baptisais aucun
adulte sans le voir en péril de mort, ni même les
enfants, à cause de l'incertitude où j'étais de rester
avec eux : je dis « pendant le temps que je ne savais
prs la langue, » qui fut plus de trois ans. Environ
un an depuis mon arrivée, survint une espèce de
peste, qui en enleva beaucoup. Je baptisais ceux que
je voyais en péril évident de mort, les instruisant le
mieux que je pouvais, et jugeant de leurs bonnes
intentions par leur assiduité à la prière. Mais,
comme ils remarquèrent que tous ceux que je baptisais mouraient, plusieurs, par crainte de la mort,
ne voulurent pas être baptisés. Cela ne les empêchait
pas de mourir. Je tâchai donc de leur faire comprendre et remarquer que, dans les autres aldées,
où je n'avais pas d'accès, ils mouraient encore en
plus grand nombre, faute de secours. Cela eut quelque effet à l'égard des plus raisonnables, jusqu'à ce
qu'il plût à Dieu de montrer à ces pauvres aveugles
les merveilles de la grâce par l'efficacité du baptême
et des autres sacrements, rendant la santé à plu-

sieurs malades au moment où ils les recevaient, et à
d'autres, à qui apparemment la santé n'aurait pas
été avantageuse pour leur salut, donnant du soula-
gement dans leurs douleurs et une entière soumission
à la volonté de Dieu. J'en rapporterai ici quelques
effets des plus considérables, dans les deux aldées
que j'administrai et que j'ai fondées. Par ces récits,
on pourra juger de ce qui est arrivé dans les autres
aldées, Dieu les ayant favorisées des mêmes grâces,
parce qu'elles avaient besoin des mêmes aides pour
embrasser la foi.

EFFETS MERVEILLEUX DU BAPTÊME.

La première merveille du baptême se vit dans la
sœur du capitaine de l'aldée d'Ouracappa, âgée
d'environ quarante ans. C'était une veuve ; elle était
à l'extrémité et sans parole, le râle dans la gorge,
n'ayant rien avalé depuis plus de deux jours, comme
je le sus après. Son frère vint m'appeler à l'entrée
de la nuit, avec beaucoup d'empressement, pour la
baptiser. J'y courus incontinent, et pensais la baptiser sans cérémonie, de crainte qu'elle ne mourût
avant le baptême. Je le fis néanmoins avec beaucoup
d'attention, pour ne pas la laisser mourir sans le lui
donner. Sitôt qu'elle eut reçu l'eau, et que j'eus pro-
noncé la formule, elle jeta un profond soupir, et dit
en sa langue, en présence de tous les assistants, qui
étaient en assez grand nombre : « Ah! que cette eau
est bonne! Elle m'a rafraîchie, et a fait fuir le diable
qui voulait m'étouffer. » En même temps, elle demanda à boire et à manger, demeura sans douleur

et sans fièvre, et vécut cinq jours, aussi paisible que si elle n'avait point été malade. Pendant ce temps-là, je l'instruisis et la fis instruire par mon jeune Indien, que j'avais amené de Parahyba, qui savait l'essentiel pour un chrétien. Elle mourut paisiblement et sans travail : ce qui donna de l'admiration à tous les Indiens, et leur inspira de l'estime pour le saint baptême.

La seconde merveille fut à l'égard d'un enfant de trois ans, que sa mère apporta de nuit en grande hâte, parce qu'il se mourait. Je le baptisai incontinent, avec les cérémonies et toute la précaution nécessaire, afin qu'il ne mourût pas sans baptême. Aussitôt qu'il l'eut reçu, il demeura sain, et il a vécu environ six ans.

La troisième fut encore d'une autre sœur du même capitaine, veuve, âgée d'environ quarante-cinq ans, réduite à l'extrémité par la maladie qui régnait. Je la baptisai le soir, et, le lendemain matin, étant allé voir si elle était morte, je fus fort surpris de ne point la trouver à la maison. Je demandai où elle était; on me répondit d'un air fort joyeux : « Mon Père, elle est guérie; elle est allée chercher des bambous avec les autres. » Elle passa à la nage le fleuve, qui a plus de mille pas de large, et revint chargée de fruits avec ses compagnes. Elle a vécu longtemps depuis; et, de paresseuse qu'elle était pour venir à l'église, elle fut ensuite très fidèle et diligente.

La quatrième fut à l'égard d'un enfant de trois semaines, qui semblait plus mort que vif quand on me l'apporta pour le baptiser. Sa mère, qui le portait dans ses bras, était tout éplorée; mais, aussitôt qu'il eut reçu l'eau du saint baptême, il se leva en sursaut, et me tendit sa petite main en souriant, et demeura sain. Je le laissai en vie et en santé quand je partis de la mission.

La cinquième fut à l'endroit d'un jeune homme d'environ vingt-huit ans, pour lequel on me vint appeler, de l'autre aldée, au coucher du soleil; elle était distante de deux lieues d'Ouracappa, et il y avait deux bras de rivière à traverser. J'arrivai à une heure de nuit, très fatigué. Je trouvai le malade sans mouvement et sans parole; et si, par intervalles, il disait quelque chose, c'étaient des extravagances. Après lui avoir jeté de l'eau bénite, et fait le signe de la croix sur son front, sur sa bouche et sur sa poitrine, afin de faire fuir le démon, dont je me défiais fort dans cette occasion; après avoir invoqué, par les chemins et sur le lieu, le secours de la sainte Vierge, dont je portais une belle image dans un cadre doré, la parole et le jugement lui revinrent peu à peu. Je le fis consentir à être baptisé; je l'instruisis le mieux que je pus, et je le baptisai. Pour lors, il recouvra parfaitement le jugement. Je l'exhortai du mieux que je pus à souffrir avec patience et soumission à la volonté de Dieu; et, quand je voulus me retirer pour reposer, car j'étais fatigué, il me demanda l'image de la sainte Vierge, pour le garder, dit-il, du démon qui l'avait beaucoup inquiété auparavant. A peine étais-je endormi, qu'il mourut, cette image entre ses mains, sans même que ceux qui étaient là présents pour le veiller, s'en aperçussent; c'est pourquoi, ils furent fort surpris de le voir mort sans souffrir d'agonie, et eurent plus de respect pour le saint baptême.

Il me mourut aussi un jeune homme marié, âgé

de vingt ans, à Bahia, où j'étais allé pour quelque
affaire importante de la mission. Il donna des signes
si évidents de religion, que je n'ai jamais douté de
son salut. Il n'avait commis aucun péché mortel
depuis son baptême, qui datait plus de trois ans. Il
était très obéissant à son père et à sa mère, et,
toujours le premier à l'église, il aurait chaque jour
voulu me servir la messe. S'étant confessé, il prit
de ma main le crucifix, et, après avoir baisé toutes
les sacrées plaies avec bien de la dévotion, il demanda
humblement pardon à Dieu de tous ses péchés, et me
le rendit en m'embrassant, me rendant grâces de
l'avoir fait chrétien. Quelques instants après, il me
redemanda le crucifix, et, après avoir baisé de nouveau les sacrées plaies et me l'avoir rendu, il dit :
« Cela suffit. » J'étais pour lors incommodé moi-
même et fort lassé ; aussi je me retirai dans une
chambre vis-à-vis, après l'avoir exhorté, afin de
reposer un peu, à dessein de le communier le lendemain. Mais je n'étais pas encore endormi, qu'un sien
cousin, que j'avais laissé pour le veiller, et qui était
assis sur le pied de son lit, s'aperçut qu'il était mort
avant d'avoir vu aucun signe qu'il fût près de mourir,
et il vint incontinent m'avertir. Pendant sa maladie,
il chantait souvent le *Pater noster*, l'*Ave Maria* et
le *Salve Regina*. Après sa mort, il parut plus beau
et plus aimable que lorsqu'il était plein de santé et
de vie. Il fut enterré à la Miséricorde, à Bahia.

La sixième merveille, et qui me paraît la plus
grande, où Dieu fit paraître davantage sa miséricorde, fut à l'égard d'une pauvre Indienne d'une
autre nation, qui demeurait depuis peu avec les Cariris, et qui entendait leur langue. Malade depuis

trois mois, elle était devenue si maigre, qu'elle paraissait un squelette, n'ayant que la peau sur les os ; néanmoins, elle était grosse de cinq ou six mois, sans que personne en sût rien, si ce n'était son mari, qui ne m'en avait rien dit. Bien loin qu'elle parût grosse, il semblait qu'elle n'eût pas d'entrailles.

Un soir, passant devant sa maison pour aller un peu me promener, je sentis en moi-même un pressant mouvement de la voir ; j'entrai, et la trouvai en extrême péril. Je retournai incontinent sur mes pas, et, sans aucun délai, je sonnai la cloche, et fus la baptiser à sa maison, croyant qu'elle ne passerait pas la nuit. Le lendemain, je fus dire la messe, à mon ordinaire. Je la finissais toujours au lever du soleil, pour la commodité des Indiens, qui ensuite allaient à leur travail ou à la pêche. Je fus bien surpris quand, finissant le dernier évangile, on me tira par la chasuble, et on me dit que la pauvre malade était accouchée d'une fille qu'on avait apportée pendant la messe à l'église pour la baptiser promptement, de crainte qu'elle ne mourût sans baptême. C'était une merveille de voir cette créature si maigre avoir les yeux ouverts et si vifs, qu'il semblait que son âme se rendît visible par eux. Sitôt qu'on me l'approcha, elle les fixa sur moi, et, autant de tours que je faisais pour préparer et prendre ce qui était nécessaire pour la baptiser, elle me suivait avec une telle attention, qu'il semblait qu'elle eût connaissance et désir de ce qu'on voulait lui faire. L'église était pleine d'Indiens, qui ne pouvaient se tenir de donner des marques d'admiration, et qui s'efforçaient de s'approcher afin de voir cette merveille. Ils me faisaient même de la peine par le bruit et les paroles que l'admiration tirait de leur bouche. Lorsqu'il fallut lui mettre le sel bénit dans sa bouche, elle l'ouvrit d'elle-même, et la referma sans crier. Après avoir reçu le saint baptême, elle mourut incontinent, et sa mère aussi, et furent enterrées en même fosse. Il est évident que l'une et l'autre n'attendaient que le baptême pour sortir de ce monde, et que Dieu ne conserva la vie à la mère que pour ce sujet.

AUTRES EFFETS MERVEILLEUX.

Quantité d'adultes, après avoir reçu les derniers sacrements, sont morts avec des marques moralement certaines de leur salut. L'extrême-onction a conféré à plusieurs, avec la santé de l'âme, celle du corps aussi, et a fortifié et consolé ceux qui mouraient.

Dieu a souvent récompensé leur foi, rendant la santé aux malades, par la vertu de l'eau bénite; de sorte que l'expérience faite sur eux de ses heureux effets, les y faisait recourir aussitôt qu'ils étaient malades, ou leurs enfants. Leur récitant aussi l'évangile de la mission des Apôtres, plusieurs recevaient la santé. De sorte qu'étant survenu un grand cours de fièvres, d'environ vingt qui se présentèrent un jour après la messe, sur lesquels je lus l'évangile, il n'y en eut que trois qui ne furent pas guéris.

Une si prodigieuse quantité de rats vinrent une fois infester le pays, qu'on aurait dit une des plaies d'Égypte. Ces animaux dévoraient tout, et naissaient jusque dans les maisons en très grand nombre. Après avoir représenté aux Indiens que c'était un châtiment

de Dieu, et les avoir exhortés à recourir à sa miséricorde, je leur ordonnai trois jours de jeûne, pendant lesquels nous fîmes chaque jour une procession,
chantant les litanies, et, ayant béni une quantité
d'eau, je la partageai à tous, et les envoyai la jeter
sur leurs plantes et dans leurs maisons. Dans trois
jours, tous les rats disparurent : cela arriva deux fois.

Toutes ces merveilles, qui ont été des grâces de
la pure bonté de Dieu, contribuèrent beaucoup à
confirmer les chrétiens dans la foi, à convertir ceux
qui ne l'étaient pas encore, et à les faire vivre en
bons chrétiens.

CONFESSION ET COMMUNION.

Lorsque je les voulais disposer aux sacrements de
la confession et de la communion, outre les instruc-
tions que je leur avais données et répétées tant de
fois, je ne leur parlais, huit jours avant, que des
dispositions et de la manière de recevoir utilement
ces sacrements, et eux-mêmes s'y disposaient avec
beaucoup de zèle. Ils jeûnaient immanquablement la
veille de leur confession, même les enfants de dix et
douze ans. Plusieurs jeûnaient deux et trois jours,
et prenaient la discipline avec ferveur. Quelques-
uns, plus dévots, de l'un et de l'autre sexe, venaient
à l'église, entre les heures ordinaires du matin et du
soir, pour demander à Dieu la grâce de recevoir
dignement les sacrements ; ils faisaient plusieurs
actes de contrition, et baisaient la terre. J'en ai
trouvé bon nombre, de l'un et l'autre sexe qui, après
leur baptême, n'ont pas commis un seul péché mortel

dans six ans de temps. Si, comme il est arrivé quelquefois, quelqu'un de ceux qui avaient communié tombait dans quelque péché scandaleux, qui vînt à la connaissance des autres, ils le lui reprochaient vivement, et lui en faisaient de la confusion. Si la faute était bien prouvée, il en était châtié par les officiers députés à cet effet, et il se soumettait au châtiment.

LE CHAPELET.

Ils ont coutume de chanter tous les soirs la Couronne de la Sainte Vierge, partagés en deux chœurs, chacun de son sexe, et cela après leur souper. Ils chantent à la manière portugaise, avec une espèce de faux bourdon. Pour les y encourager, nous faisions tous les ans une fête solennelle dans chaque aldée ; les autres aldées ne manquaient pas de s'y trouver.

On élit tous les ans un prévôt et quatre officiers, prenant toujours les plus honnêtes et les plus dévots de chaque sexe ; de sorte qu'ils s'en font un honneur. Leur office est, premièrement, de présider à la fête, de pourvoir à tout le nécessaire, et, pendant le cours de l'année, d'avoir grand soin qu'on soit ponctuel à se trouver à l'assemblée pour chanter le chapelet tous les soirs. Les hommes font un labourage particulier pour fournir aux frais de la fête, à savoir : de cassave, de pois et de mil. Ce qui ne se consomme pas au jour de la fête, est vendu aux Portugais, pour avoir des ferrements.

Les femmes ont soin d'appeler les femmes, de balayer l'église, et de laver ce qu'il faut laver.

Nous donnons à tous ces officiers et officières un présent chaque année, pour les animer à bien faire, à savoir : au prévôt et à la prévôte, aux officiers et aux officières, un habit décent qu'ils appellent *Mordomes*; aux hommes une culotte, et aux femmes une jupe.

Tous les dimanches, ils viennent en chœur à l'église, portant leurs baguettes à la main ; celles-ci sont belles et ornées de rubans.

Nous donnons aussi deux aunes de ruban à chacun, pour tresser ses cheveux.

Ces petits présents et ces cérémonies ne contribuent pas peu à leur faire avoir du respect pour nos solennités, à les rendre pieux, et à leur faire oublier leurs anciennes superstitions.

Enfin, après le service, on fait un repas, ou banquet, auquel tous ceux qui sont présents ont part. Pour ce sujet, ils font amas de poisson et de chasse; on tue des moutons et des chèvres, et quelquefois un bœuf. Tout cela se partage parfaitement bien, y ayant grand nombre d'officiers et officières députés à ce sujet. En sorte que, quoiqu'on vienne en grand nombre des deux autres aldées à Ouracappa, et qu'on aille d'Ouracappa aux autres aldées, à leur rang, néanmoins tout y est si bien ordonné, que tous s'en vont contents; et même les hôtes des autres aldées sont les mieux partagés, par honneur. Les officiers et officières ont leur table distinct.

Nous avons, pour ces quatre ou cinq jours de fête, quatre ou cinq paires d'habits d'hommes, et autant d'habits de femmes, qui sont fort propres, et qui servent aussi pour les mariages. On tâche toujours de faire trois ou quatre mariages ensemble, pour

éviter les dépenses ; car il se fait toujours un festin
où toute l'aldée a part et concourt ; mais les missionnaires font le principal de la dépense. Il se trouve
toujours, dans toutes ces occasions, bon nombre de
Portugais qui apportent des guitares et violons pour
la solennité, et qui chantent des notes ; ils tirent
même plusieurs coups de fusil pour une plus grande
réjouissance. Tout cela, comme j'ai dit, aide beaucoup
à leur faire estimer ces solennités, et leur donne
pour le mariage un respect d'autant plus grand, qu'ils
ne faisaient rien de semblable autrefois, et, pour
l'augmenter encore, nous ajoutons toujours une
exhortation publique.

POUR LA FÊTE DE PAQUES.

Dans la semaine sainte, depuis le mercredi jusqu'au samedi, nous nous assemblons, tous les missionnaires, dans une aldée, à l'alternative, le plus
souvent à Ouracappa, comme plus commode, étant
située au milieu des autres, la plus ancienne dans le
christianisme, et la plus réglée. Il y vient des Portugais de vingt et trente lieues à la ronde. On fait
toutes les cérémonies avec bien de la dévotion ; Portugais et Indiens font même la discipline trois nuits
de suite, car ils pratiquent volontiers ce qu'ils voient
faire. Ainsi, ce saint temps se passe fort pieusement.

En tout temps, les Indiens sont fort modestes à
l'église, et dans un grand silence, les hommes séparés
des femmes, toujours à genoux ou debout, sinon
pendant les exhortations. Les petits enfants que les
mères tiennent entre leurs bras, ont cette belle pro-

priété, qu'il est très rare qu'ils crient ; et, sitôt que quelqu'un crie, la mère sort sous le porche de l'église. Il y a toujours trois officiers, avec leurs baguettes, postés ; de sorte que, dans l'église, ils veillent sur tout, afin qu'il ne s'y fasse rien contre le respect dû à nos saints mystères.

Tous les dimanches, on donne l'eau bénite, on fait la procession, et on chante la messe. les Indiens étant instruits à cela. Et, au lieu du pain bénit qu'on donne dans les églises de France, on bénit de la farine de cassave, qu'on distribue, et qu'ils reçoivent et mangent avec dévotion.

EFFETS DES SACREMENTS.

Plusieurs d'entre eux sont bien éclairés, l'usage des sacrements y ayant le plus contribué. Ils conçoivent bien la grandeur des récompenses qu'ils espèrent dans le ciel, et font voir clairement par leurs œuvres qu'ils désirent y parvenir.

Entre autres, le capitaine d'Ouracappa, qu'on peut appeler un véritable missionnaire pour le zèle qu'il a de la gloire de Dieu et du salut des âmes, exhorte lui-même, en plusieurs occasions, à haute voix, publiquement, tous ceux de l'aldée à vivre chrétiennement. Allant dans les autres aldées, il fait la même chose. Il est en très grande estime parmi les Portugais. aussi bien que parmi sa nation, et il la mérite sans doute.

JUSTICE ET SUBORDINATION.

Il y a maintenant de la subordination et de la justice. Les officiers châtient les crimes publics, toujours avec douceur, sans laisser néanmoins de faire sentir suffisamment la peine aux délinquants, pour les punir et donner de la crainte aux autres.

Les femmes sont maintenant soumises à leurs maris, et les enfants à leurs pères et mères, qui les châtient avec la verge ; ce qui n'était pas autrefois. Il y a quantité d'enfants de sept ans qui savent fort bien se confesser, et fort bien servir la messe ; ils y prononcent tout très distinctement 'et posément, aussi bien que leurs prières, et ils apprennent facilement la doctrine chrétienne en leur langue.

La grâce de Dieu et ses effets se sont répandus jusque sur les corps des Indiens, selon l'aveu des Portugais, aussi bien que la remarque des Indiens eux-mêmes : leurs enfants naissant plus beaux, et ayant plus d'esprit. Les adultes devenus chrétiens ont perdu cet air affreux qu'ils avaient auparavant, et qui était comme le caractère de la bête, je veux dire du démon, sous l'empire duquel ils vivaient. Ils l'ont changé en un air gracieux et une manière affable et honnête ; de sorte que, même sans les connaître, on les distingue facilement des autres tribus. Il y a une cause toute naturelle de cela dans le changement de leur vie, bestiale tant elle était grossière, et de leurs aliments, pour lesquels ils se contentaient des choses qu'ils trouvaient le plus ordinairement, sans cultiver que fort peu la terre, mangeant tout fort malproprement; ainsi, le sang et les esprits qui se formaient de ces aliments leur étaient conformes. Mais nous les avons obligés à semer et à planter, et leur avons appris à cultiver la terre et à préparer proprement leur nourriture. L'utilité et le plaisir les font s'y appliquer à présent d'eux-mêmes.

Nous avons coutume, dans toutes nos aldées, de fournir aux malades leurs besoins, et nous leur servons de médecins et de chirurgiens; présentement, plusieurs d'entre eux savent saigner.

PRÉPARATIONS POUR LE BAPTÊME.

Nous gardions uniformément cette méthode, de ne baptiser aucun adulte s'il n'avait donné des marques et de bonnes preuves de son désir d'être chrétien, par la fidélité à garder toutes les pratiques de religion; c'est-à-dire, nous voulions les voir chrétiens d'œuvres, avant de les voir chrétiens de caractère. Pour ce sujet, tous nos missionnaires, parmi les Cariris, prirent peine, d'abord, d'apprendre leur langue. Sans elle, il eût été impossible d'en faire de véritables chrétiens; nous n'aurions fait que traiter de barbare à barbare, et ils eussent ressemblé aux singes, qui font ce qu'ils voient faire, et aux perroquets, qui disent ce qu'on leur apprend, sans le concevoir, et par conséquent sans foi et sans connaissance. Arrivé le premier parmi cette nation, cinq ans entiers avant aucun autre missionnaire, j'ai fait un dictionnaire de la langue des Cariris, un art ou rudiment de la doctrine chrétienne, et un modèle d'examen pour la confession. J'ai traduit la vie de quelques saints, et fait des cantiques spirituels sur les mystères de la foi, sur le ton des hymnes dont le chant est plus agréable, pour faciliter aux missionnaires l'usage de la langue.

VISITES DES RÉVÉRENDS PÈRES JÉSUITES.

L'an 1685, deux Révérends Pères Jésuites missionnaires, dont l'un avait au moins trente ans de mission, vinrent expressément de soixante-dix lieues voir nos missions, à cause de la grande renommée qu'elles avaient. Ils demeurèrent trois mois entiers avec nous sur le fleuve de Saint-François, et nous aidèrent à confesser nos Indiens à Pâques. L'un d'eux, nommé Jean de Barros, Portugais, savait parfaitement la langue des Cariris, pour avoir demeuré avec eux longtemps à Canabrava et à la Jacobina. L'autre était Italien de nation, et de grande vertu et de grande qualité. Ils demeurèrent l'un et l'autre si édifiés de la piété de nos Indiens, et du bon ordre où ils trouvèrent notre mission, qu'ils en donnèrent des témoignages très avantageux à Monseigneur l'Archevêque de Bahia, à Monseigneur le marquis des Mines, gouverneur, au Révérend Père Provincial des Jésuites, et à tous les principaux de la ville, qui m'en félicitèrent avec bien des éloges. Monseigneur l'Archevêque et Monseigneur le Gouverneur écrivirent à la cour de Portugal et à notre Révérend Père Provincial pour demander d'autres missionnaires ; et, lorsque je retournai à Lisbonne, où j'eus l'honneur de rendre mes respects au Roi, il eut

la bonté de m'en marquer sa joie et sa reconnaissance. Ils portèrent même leur éloge jusqu'à dire de
l'aldée d'Ouracappa, qu'elle ressemblait mieux à un
couvent de religieux bien réglés, qu'à une assemblée
de chrétiens laïques; principalement à cause de leur
ponctualité à l'église et de leur entière obéissance au
Père missionnaire, qui est telle que celle des enfants
bien nés à l'égard de leurs père et mère.

MISSIONS NOUVELLES.

Les susdits Révérends Pères Jésuites furent priés
par nos Pères, qui pour lors étaient à ma place, de
prendre part au fruit qu'il y avait à faire sur le
fleuve de Saint-François parmi les Gentils, et d'y
fonder une mission : ce qu'ils firent. Et nos missionnaires les ont aidés avec une charité si libérale,
qu'ils n'auraient pas pu faire davantage pour des
Capucins; car ils partagèrent avec eux ce qu'ils
avaient de commodités, et ces Révérends Pères en
furent si reconnaissants, qu'outre les témoignages
avantageux qu'ils donnèrent de nos missions dans
ces lieux, comme j'ai dit, ils eurent même l'humilité
de dire que nous étions les fondateurs de leur mission.

PERSÉCUTIONS.

Toutes ces belles roses, Monseigneur, ne se sont
cueillies qu'au milieu des épines, parce que le
démon, à son ordinaire, n'a pas manqué de susciter
contre moi des persécutions, aussi bien que contre

les autres missionnaires ; mais, par la grâce de Dieu, il a toujours été vaincu. Je ne viens pas au détail de ces persécutions, quoique je puisse dire avec vérité qu'elles feraient une partie considérable de cette Relation ; mais je ne veux scandaliser personne. Il suffira de dire, en général, qu'on n'a rien omis pour nous faire de la peine, et pour nous obliger à abandonner la mission, jusqu'à soulever les Indiens contre nous, bien plus, jusqu'à intéresser l'État par des calomnies, je ne dis pas seulement très noires, mais indignes de personnes de jugement. Mais Dieu a toujours découvert la vérité et défendu sa cause ; car il voulait le salut de ces pauvres Indiens ; outre que jamais il n'abandonne ceux qui le servent. Il a même fait voir, par le châtiment terrible et évident de plusieurs qui ont servi d'instrument pour nous persécuter, et de ceux qui ont causé des désordres et des scandales dans quelques unes de. nos missions, débauchant des Indiens et les retenant dans leurs maisons avec scandale, sans s'amender après en avoir été repris par les missionnaires ; Dieu a fait voir, dis-je, qu'il ne fait pas bon s'opposer à ceux qu'il envoie pour sauver les âmes.

Le plus animé contre nous, et qui par ses calomnies nous donna le plus de peine, fut un homme très connu par sa vie scandaleuse. Nous obtînmes contre lui un ordre du roi de Portugal pour le faire sortir de ces lieux. Il fit enfin tant de scandales et d'excès, qu'il fut excommunié par le seigneur évêque, qui donna l'ordre de l'arrêter ; mais Dieu voulut, selon les apparences et l'opinion de tout le monde, exercer lui-même sa vengeance contre ce malheureux ; car, tandis qu'il passait le fleuve avec trois ou quatre hommes, il tomba sur la face dans le canot, où il y avait un peu d'eau ; il mourut subitement, et devint tout difforme.

Un autre, qui pensait beaucoup mériter, auprès de certaines personnes puissantes, en nous calomniant et nous persécutant, allait exprès à Bahia pour nous accuser. Il eut de notables disgrâces dans le chemin, et une perte considérable. De bien-aimé qu'il était de tout le monde, il devint odieux à tous et rejeté de ceux-là même à qui il voulait plaire. Enfin, par des accidents funestes, il perdit tout ce qu'il avait gagné en dix ans avec bien du travail. Dès lors, on le vit languissant, blême comme un mort, abandonné de tous, réduit à se réfugier chez nous, où il fut reçu charitablement.

Un autre avait écrit des faussetés contre nous, et, étant un ennemi couvert, il voulait passer à nos yeux pour ami. Un pistolet lui creva dans les mains, et emporta celle qu'il avait rendue coupable, en une circonstance où il fulminait de grandes menaces contre nous en présence d'un autre Portugais qui nous a rapporté ce fait.

Un autre, qui faisait aussi la même chose, eut encore le même sort dans une autre occasion.

Deux Portugais, qui débauchaient des Indiens, et les retiraient chez eux avec grand scandale, ne s'étant pas amendés après plusieurs remontrances des missionnaires, ont péri misérablement de là à peu de temps : l'un fut tué dans le lieu même où il avait si longtemps continué ses crimes ; et l'autre mourut subitement en présence d'un autre Portugais, avec des paroles infâmes et scandaleuses dans la bouche.

Ce qui est à remarquer ici, c'est que le Père François de Lucé, Capucin, était venu exprès à sa maison lui faire une correction charitable, qu'il tourna en raillerie. Sur quoi le dit Père lui dit avec ferveur : « Allez, malheureux ; Dieu vous châtiera. Vous dites que l'année prochaine vous retournerez en Portugal pour jouir du bien que vous avez amassé ici, et moi je dis que vous n'emporterez pas même vos os.

Deux autres furent encore tués misérablement peu de temps après que je leur eus dit que Dieu ne tarderait pas à les châtier, non seulement parce qu'ils persécutaient notre mission, mais parce qu'ils faisaient gloire de leurs péchés et de leur haine pour nous. L'un fut tué au bout de trois ou quatre mois, et l'autre quinze jours après m'avoir insulté. Il revenait de la ville de Bahia, et nous nous rencontrâmes le soir dans une maison. Je le repris des sottises qu'il prenait plaisir de dire devant moi, et des jurements et menaces qu'il faisait contre nos Indiens, se repentant, disait-il, de n'avoir pas cassé la tête, avec son fusil, au premier qu'il avait rencontré dans le chemin. Voyant une âme si noire, et qui prenait plaisir à offenser Dieu, je jugeai qu'il était tombé dans le sens réprouvé, et que Dieu ne tarderait pas à le punir. Il fut tué cruellement quinze jours plus tard, près la ville de Bahia.

Un Indien qui, dans une occasion, prit le Père Anastase à la gorge, le voulant étrangler, devint fou, et alla errant parmi les bois.

Un autre Indien, par sollicitation de quelques ennemis Portugais, était allé à la Baye pour nous accuser injustement et nous couvrir de calomnies. Il ne réussit pas dans son dessein ; au contraire, il fut mis au tronc, par l'ordre du Gouverneur, dans le corps de garde des soldats, pour peu de temps néanmoins, car je demandai sa grâce de là à quelques heures. Sitôt qu'il fut dans son aldée, il s'enfuit dans les bois avec sa famille, et y mourut incontinent. Sa femme et ses enfants, épouvantés, retournèrent aussitôt à l'aldée, et dirent qu'il était mort repentant de sa faute, sentant bien que Dieu l'en châtiait.

Environ un an après mon entrée dans la mission sur le fleuve de Saint-François, un ennemi, puissant en biens, sentant que je serais contraire à ses intentions et à ses actions, eut assez de malice pour faire fuir une partie de l'aldée d'Ouracappa, par le moyen de quelques présents qu'il leur fit, et de la promesse qu'il leur ferait venir un autre Père qui leur ferait beaucoup plus de bien que moi : c'était afin de m'obliger à abandonner cette mission. Mais Dieu châtia incontinent les mêmes fuyards par la mort de deux d'entre eux ; ce que les autres voyant, et connaissant clairement que c'était un châtiment de Dieu, ils retournèrent aussitôt fort épouvantés.

Il est arrivé plusieurs autres châtiments moins considérables à des particuliers, Portugais ou Indiens, pour avoir persécuté la mission et les missionnaires. Il y en a eu un qui, pendant plusieurs années, a toujours cherché les moyens de nous nuire. Comme il me semble s'être amendé, je ne le nomme pas, pour ne pas le scandaliser.

Quoique tout ce que je viens de dire en général des persécutions que notre mission a souffertes, et des châtiments que Dieu a infligés sur ceux qui la

persécutaient, regarde particulièrement celle que
j'ai fondée parmi les Cariris ; néanmoins, il y a quelque chose qui regarde aussi la mission du Père
François de Domfront, Capucin, parmi les Rondelles, et celle du Père Anastase d'Audierne parmi
les Aramourous, sur le même fleuve de Saint-
François.

Le fruit de la mission ne s'est pas terminé aux
seuls Indiens ; les Portugais en ont tiré un avantage
considérable, pour le temporel aussi bien que pour
le spirituel. Les habitants du fleuve ont eu le moyen
de recevoir les sacrements, sains et malades ; ce
qu'ils n'avaient pas, faute de prêtres, dans ces lieux
éloignés et incommodes pour la vie : il n'y avait
qu'un chapelain pour plus de cent lieues de pays.

Pour ce qui regarde le temporel, ils ont vécu en
assurance dans leurs maisons, la conversion des
Indiens leur ayant ôté la crainte des incursions des
sauvages, qui souvent les venaient tuer lorsqu'ils y
pensaient le moins. Ils craignaient même les Indiens
qui se sont convertis, parce qu'il était difficile de
vivre toujours en bonne intelligence avec eux. Les
Portugais leur donnaient assez souvent des désagré-
ments, dont il arrivait des désordres ; de plus, ils
mangeaient du bétail des Portugais, pour se dédommager, disaient-ils, des terres que les Portugais leur
avaient usurpées.

Aujourd'hui, ceux-ci n'ont rien à craindre, ni de
la part des Indiens, ni de la part des sauvages, parce
que les chrétiens leur servent de rempart contre
eux. Les sauvages n'osent plus faire la guerre, car
les Portugais, unis aux chrétiens pour les combattre,
les ont mis entièrement hors d'état de ce côté-là de

rien entreprendre, la plupart ayant été tués. Ils avaient, avant leur défaite, massacré dans une nuit quatre-vingt-cinq Portugais et nègres dans leurs maisons. Sans les nôtres, ils auraient mis à mort tous les Portugais du fleuve, et seraient demeurés maîtres de plus de cent cinquante mille têtes de bétail à cornes. L'État a donc aussi tiré avantage de notre mission, non seulement pour les raisons susdites, mais aussi par l'accroissement de nouveaux sujets fidèles, toujours disposés à le secourir dans le besoin selon leurs forces, comme il est arrivé déjà par une nation appelée Caboucles, avec lesquels les Portugais chassèrent les Hollandais du Brésil, et sans lesquels cela leur aurait été impossible.

Voilà, Monseigneur, ce qui est arrivé de plus notable dans ma mission, et plus particulièrement le fruit qui s'y est fait par la grâce de Dieu. D'où Votre Grandeur peut inférer ce qui s'est fait dans les autres aldées par nos missionnaires, chacun d'eux ne s'étant pas épargné; et partout Dieu a donné sa bénédiction à leur zèle, pour le salut de beaucoup d'âmes de ces pauvres Indiens, comme il est à présumer de la divine miséricorde. Mais, quand il n'y aurait que les enfants morts après le baptême, le fruit de notre mission serait toujours très considérable, et les missionnaires seraient très dignement employés. Saint François-Xavier, arrivé aux Indes après un long et pénible voyage, ayant baptisé un seul Indien, se mit à genoux et rendit grâces à Dieu de cette conquête, disant qu'il était déjà payé de son voyage, quand il n'en convertirait pas davantage.

Il n'y a point d'aldée où Dieu n'ait fait voir quelque merveille de sa puissance, pour montrer qu'il approuve nos travaux, et qu'il appelle les Indiens au giron de l'Eglise, quoique, à la vérité, dans les unes plus que dans les autres. Nous avons actuellement, sur le fleuve de Saint-François, six missions; de plus, une à Parahyba, et une autre au Rio de Janeiro, parce que les Paulettes nous en ont enlevé une par force. Le roi de Portugal a envoyé ordre de la rendre; mais je doute fort qu'ils la rendent. Dieu veuille augmenter le nombre des fidèles dans ce nouveau monde, pour sa gloire, et conserver de longues années Votre Grandeur, pour y contribuer avec le zèle qu'elle fait paraitre en tout ce qui regarde son service.

SECONDE RELATION.

Ma précédente Relation se termine à ma sortie
de l'aldée d'Ouracappa et du Cavallo, que je quittai
pour aller, en qualité de supérieur, à la ville de la
Baye. Le Révérend Père Bernard de Nantes, que
je laissai en ma place, donnera connaissance de ce
qui s'y est passé de remarquable par la suite, jusqu'à
son retour en Portugal.

Je présentai cette Relation à Monseigneur le
Nonce, en Portugal, dans la forme où elle vient de
paraître ici. Ce digne prélat désirait savoir le fruit
qui se faisait dans nos missions, pour en informer la
Sacrée Congrégation *de Propaganda Fide,* comme
il fit, en la lui envoyant. Mais, ayant reçu de notre
Révérend Père Provincial, P. Anastase de Nantes,
l'ordre exprès d'en faire une plus complète, j'ai
déféré à l'obéissance que je lui dois, en écrivant
comme il suit le détail succinct et sincère des travaux, périls et obstacles de ma mission seulement,

et de ce que j'ai vu. Je laisse les autres missionnaires fournir chacun la sienne, parce que chacun sait mieux que moi ce qu'il a fait et ce qui s'est passé de remarquable chez lui, d'autant que chaque nation a des maximes, des abus et des obstacles différents.

Je serai obligé, dans cette nouvelle Relation, de toucher quelque chose de ce que j'ai dit ci-dessus, ne pouvant exposer les travaux et périls de ma mission sans cette petite redite. Le tout sera dans un style fort simple, comme il est assez évident, ne m'arrêtant pas, à mon âge assez avancé, à chercher les fleurs du style qui règne aujourd'hui, m'étudiant seulement à dire la vérité de ce qui s'est passé plus particulièrement à mon égard, dans ma mission, dont toute la gloire appartient à Dieu, et je la lui rends avec un sincère aveu de mon indignité.

VOCATION, VOYAGE, ARRIVÉE AU BRÉSIL.

Dieu, par sa pure miséricorde, m'ayant appelé, autant que je le peux juger, à la mission parmi les sauvages du Brésil, pour travailler, avec le secours de sa grâce, à leur conversion à notre sainte foi, j'exposai, selon notre règle, ma vocation au Révérend Père Provincial, pour lors Ange de Mamers, sous qui j'y avais eu le bonheur de faire mon noviciat et ma profession. Je ne fus pas accepté, non plus que trois autres, de six qui avions demandé la même chose à la fin de notre étude, après avoir été examinés pour l'office de la prédication. Mais, l'un de ceux qui avaient été accepté tomba malade quelques jours avant l'embarquement; le Révérend Père

Provincial m'envoya l'obédience pour prendre sa place. Je la reçus comme venant du Ciel, les genoux en terre, et avec action de grâces envers la bonté de Dieu, qui voulait bien se servir de moi, tout indigne que j'étais, pour un si glorieux emploi. Je partis de Rennes dès le lendemain, et me rendis à Saint-Malo, trop tard pour m'embarquer avec le Révérend Père Anastase d'Audierne, mon compagnon d'étude et de mission.

De là à peu de jours, je trouvai une autre occasion favorable; je la pris, et je débarquai le 9 mars (1671) à Lisbonne, étant parti de Saint-Malo le premier du même mois. Nous sortîmes de Lisbonne le 3 mai, et arrivâmes en santé, grâce à Dieu, le 3 août, au port de la ville de la Baye-de-Tous-les-Saints : c'est la principale et la plus belle du Brésil.

Le voyage ne fut pas sans périls; Entre autres, une nuit, approchant de la ligne équinoxiale, nous crûmes tous être perdus; néanmoins, il plut à Dieu de nous délivrer de ce danger. Nous eûmes la consolation de dire quasi tous les jours la messe, et notre présence et notre conversation servirent beaucoup pour établir la piété dans le vaisseau, où nous étions environ cinquante hommes. Tous les dimanches, je faisais une exhortation, ce qui les porta à fréquenter les sacrements; en sorte que tous se confessèrent et communièrent, et quelques-uns plusieurs fois. Le capitaine, qui d'ailleurs était très honnête homme et généreux, mais emporté comme un lion, devint doux comme un agneau, et jeûnait ordinairement deux fois la semaine, se confessant et communiant souvent. Il était Français, natif de la Ciotat, près de Marseille.

Dieu voulut bien se servir de moi pour convertir un jeune hollandais âgé d'environ vingt ans, qui était dans le vaisseau ; il était calviniste. Je n'eus pas le même bonheur auprès de notre pilote, Français, natif de Dieppe, calviniste aussi. Quoique je l'eusse convaincu grand nombre de fois, par sa propre Bible, de son hérésie, il me répondit, pour lors, que j'étais un homme de lettres et lui un ignorant ; que si son ministre eût été présent, il m'eût répondu. En sorte que, dans l'occasion du péril, où lui, aussi bien que tous les autres, pensions périr, le pressant de se convertir pour sauver son âme, il me dit qu'il voulait absolument mourir dans sa religion. O abîme inscrutable des jugements de Dieu !...

Arrivés le 3 août au port de la Baye, mettant le pied sur le quai, j'eus le bonheur d'empêcher deux Portugais de se tuer l'un l'autre, sur une querelle qu'ils prirent ensemble, sur une injure que l'un dit à l'autre, pour laquelle ils mettaient actuellement l'épée à la main, s'entretouchant quasi.

Nous fûmes aussitôt, le Père Anastase et moi, à la prochaine église, rendre grâces à Dieu de notre heureux voyage. De là nous fûmes présenter nos respects au prélat qui, comme le plus ancien, tenait la place du défunt archevêque de la Baye. Je lui fis mon compliment en latin, ne parlant pas encore bien le portugais, et lui présentai mon néophyte, disant que c'était le premier fruit de notre mission, et que nous souhaitions le consacrer à Dieu par ses mains. Il accepta la proposition, et fixa le dimanche suivant pour lui donner l'absolution publiquement, dans la Cathédrale, à la fin des vêpres. Je le priai en même temps de trouver bon que je prêche en français dans

cette occasion, y ayant beaucoup de Français dans
la flotte, dont le tiers étaient des hérétiques, qui
tous viendraient au sermon, parce que j'avertirais
les capitaines. Il m'accorda ma demande.

Nous fûmes, à l'heure marquée, le dimanche suivant, à la Cathédrale, lorsqu'on commençait vêpres;
et, présentant mon néophyte, accompagné de deux
capitaines qui lui servaient de témoins et de caution,
je lui fis une profonde révérence; mais je fus fort
surpris, quand il me dit que j'eusse à faire moi-même
les cérémonies, ne m'y étant pas préparé. Je fus
incontinent à la sacristie pour prendre les ornements. On me fit l'honneur de me présenter les plus
précieux : c'étaient une riche aube, toute blanche,
une étole et une chape toutes semées de flammes
d'or en broderie, avec un bonnet carré. Pendant
que je prenais ces ornements, le Père Anastase,
qui était un homme d'esprit, et qui avait de très
belles qualités naturelles, me lisait les rubriques du
Pontifical, et me les montrait si à propos, en faisant les cérémonies, que je les fis avec une grande
liberté.

Le concours était général dans l'église, parce
qu'on avait publié dans la ville cette abjuration et
le sermon : c'était chose nouvelle, et qui, peut-être,
ne s'était pas encore vue dans le lieu, d'entendre
prêcher en français. Quoiqu'il n'y eût que les Français et cinq ou six Portugais qui entendissent le
sermon, l'attention ne laissa pas d'être fort grande
et générale, pour la nouveauté du fait. L'abjuration
faite avec toutes les cérémonies, nous fûmes, avec
notre néophyte et les deux capitaines qui le condui-
saient, remercier le prélat, qui nous marqua bien de

la joie de cette conversion, souhaitant que nous en pussions faire plusieurs autres.

VOYAGE DE PERNAMBOUC.

Au bout de douze jours, nous partîmes pour Pernambouc, où nous avions un hospice, n'en ayant encore point à la Baye de Tous-les-Saints. Monseigneur le gouverneur eut la charité de nous pourvoir d'embarquement et de tout le nécessaire pour le voyage, avec une affection et un zèle qui marquaient qu'il était ami des Capucins et bon chrétien. Il mourut deux ans après, fort regretté de tout le monde.

Nous arrivâmes à Pernambouc, où le Révérend Père supérieur, et deux religieux qui y étaient, nous reçurent avec toutes les marques possibles de joie et de tendresse. Deux mois après, arriva de sa mission le Révérend Père Théodore de Lucé, qui était entré parmi la nation des Cariris de Parahyba, il y avait environ quinze mois, de la manière que je l'ai raconté dans ma Relation précédente.

UN INDIEN TUÉ PAR UN NÈGRE, ET LES SUITES DE CETTE MORT.

Il me reste à dire le principal motif de sa présence à Pernambouc dans cette occasion. Il y était venu environ six mois auparavant, pour se pourvoir du nécessaire, et avait amené avec lui le fils du principal, ou gouverneur, de cette aldée, âgé d'environ seize ou dix-sept ans ; ce jeune homme fut baptisé à Pernambouc. Un Français de considération, habitué dans la ville depuis longtemps, fut son parrain, et lui donna un habit fort propre. De là à peu de jours, s'étant écarté un peu de notre hospice en se promenant, il fut attaqué par un malheureux nègre qui voulait lui ôter son chapeau. Le jeune Indien résistant, le nègre lui donna un coup de couteau, et le tua. Les Cariris sentirent vivement cette mort ; ils voulaient absolument la venger. Pour les apaiser, on mit le nègre en prison, et on leur promit de le punir de mort ; mais, la justice ne s'en faisant point, par les sollicitations de ceux à qui le nègre appartenait, et qui ne voulaient pas perdre leur argent, les Cariris se mutinèrent contre le Père Théodore, et voulurent le tuer. Il se résolut donc de venir à Pernambouc avec une troupe d'Indiens, pour demander justice. C'est ce qui me donna occasion d'aller incontinent parmi eux, laissant le Père Théodore avec quatre Indiens seulement. Il resta plus de deux mois après moi.

TRAVAUX DE MON VOYAGE POUR LA MISSION.

Cette mission, comme j'ai dit, est distante de Pernambouc d'environ soixante-dix lieues, ou plus. C'était incontinent après la fête de Tous les Saints ; nous étions par conséquent en notre carême devant Noël. Je portais pour le voyage un peu de poisson frit et des œufs. Le poisson se gâta aussitôt, et le nègre qui portait les œufs tomba et les cassa tous ; en sorte que, le second jour, toute ma provision fut perdue, il ne me resta que la farine de cassave et un peu d'huile et de vinaigre dans une bouteille, environ demi-chopine. Ainsi, il fallut me contenter de ce viatique, avec de l'eau, pendant le reste de mon voyage. Heureux encore quand nous la trouvions ; car elle nous manquait souvent, du moins qui fût bonne. Nos Indiens tuèrent de la chasse, qu'ils mangèrent, et nous marchions depuis le matin jusqu'au soir, pendant les ardeurs du soleil, sous le huitième degré et demi de la ligne, du côté du sud, et dans le temps le plus chaud de l'année en ce pays-là.

Ce ne fut pas là le plus grand travail ; car, n'y ayant point de chemins battus, il nous fallait passer à travers des halliers épais et des forêts de cannes sauvages, creuses au dedans, grosses de la moitié du bras et armées d'épines très fortes et très belles à tous les nœuds, de la hauteur d'une pique ou davantage, entrelacées les unes dans les autres. Et, parce qu'elles s'abattaient les unes sur les autres par leur propre poids, et qu'elles étaient très serrées, il fallait que nos Indiens ouvrissent le chemin au milieu à coups de grands couteaux de la longueur d'un pied et demi, coupant en haut et en bas pour passer comme sous une voûte. Et, parce que ces pauvres Indiens ne pouvaient pas nettoyer en si peu de temps le chemin, et qu'il fallait avoir l'œil aussi bien en haut comme en bas pour ne pas se blesser au visage, je heurtais souvent aux cimes des cannes avec une fort grande douleur ; en sorte que je n'avais doigt aux pieds qui ne fût blessé.

Plusieurs fois, pour comble de misère et de travail, je sortais de là tout couvert de *carrapates*. Ces carrapates sont des petits animaux gros seulement comme des puçons ; ils entrent dans la chair, gros-

sissent en fort peu de temps, et causent une déman-
geaison effroyable. Il fallait, tous les soirs, faire un
bon brasier, et passer l'habit dessus de tout côté, et,
avec des plaques de cire du pays, qui est propre à
cela, me faire tirer ces carrapates, qui commençaient
à entrer dans la chair.

Il y a encore une autre espèce de petits insectes,
que les Portugais appellent *Bicho,* qui entrent sous
les ongles des pieds, et pénètrent dans la chair. Ils
croissent incontinent; ils y font des œufs dans quatre jours, se multiplient prodigieusement, et font
pourrir le pied, si on ne les tue soigneusement
avec la pointe d'une aiguille ou épingle, ce qui est
douloureux.

SOLITUDES AFFREUSES.

Entrant dans des solitudes vastes et affreuses, je
fus pris d'une certaine frayeur, d'autant qu'il n'y
avait pas une feuille sur les arbres : ils étaient pour
lors comme ils sont en France pendant l'hiver. Ils
ne se couvrent de feuilles que lorsque les pluies
viennent, vers les mois de février et mars. Le chant
lugubre de certains oiseaux augmentait encore cette
frayeur; tout cela me paraissait comme l'image de
la mort. De plus, ce pays est fort montagneux, et
les montagnes sont fort hautes. Enfin, après treize
ou quatorze jours de chemin, nous arrivâmes à
l'*aldée :* c'est ainsi que les Portugais appellent les
habitations, ou bourgades, des Indiens. Je ne sais,
en vérité, si on peut, sans mourir, être plus lassé et
attenué que je l'étais; car je ne pouvais plus me
soutenir.

Dans ce pénible chemin, je vis trois choses qui me parurent prodigieuses. La première fut une campagne au milieu de laquelle nous trouvâmes une nuée de mouches jaunes plus grandes que les mouches à miel. Elles s'élevaient à perte de vue, et en telle quantité, qu'on ne pouvait pas voir à dix pas devant soi, faisant un bourdonnement proportionné à cette multitude. Il nous fallait traverser cette nuée de mouches par l'espace d'environ mille pas. Je ne l'aurais osé jamais faire, si les Indiens ne m'eussent assuré qu'elles ne nous feraient aucun mal, pourvu que nous ne leur en fissions point, ce qui fut vrai.

La seconde fut en passant un ruisseau d'environ douze ou quinze pas de large, qui n'avait que demi-pied d'eau de profondeur. Il était tellement plein de petites couleuvres rouges, qu'il en était tout couvert ; nous le traversâmes en courant de peur d'être mordus.

La troisième fut un essaim de fourmis, plus grandes de la moitié que celles de ce pays. Il était si prodigieux, qu'il couvrait la terre entièrement, l'espace d'environ cent pas de large : je ne pouvais apercevoir sa longueur. On peut dire que le Brésil est le pays des fourmis ; elles se trouvent dans les maisons et dans les rues des villes en des quantités prodigieuses. Elles sortent de leurs réduits lorsque les premières pluies viennent, et tirent dehors des monceaux de terre gros comme les tas de foin dans nos campagnes ; elles dévorent les plantes des cassaves, les orangers et toute sorte de légumes.

Dans cette aldée, nous avions abondance de pois et de millet, mais ni viande ni poisson, sinon de la chasse de temps en temps. Le plus incommode était

la mauvaise qualité de l'eau ; quant au vin, il ne faut
pas en parler là, sinon pour dire la messe.

Je restai seulement huit mois dans cette aldée ;
car, ayant appris qu'il y avait beaucoup d'aldées de
Cariris sur le fleuve de Saint-François, je me résolus
d'y aller. Pour ce sujet, je retournai à Pernambouc
avec presque autant de travail, comme j'en avais eu
en allant, ayant toujours eu la pluie sur le dos,
depuis le jour de mon départ, jusque près de Pernambouc, au Carême près.

Je pensai me perdre dans une forêt qui a douze à
quatorze lieues de traverse. Je m'étais séparé de nos
Indiens par inadvertance ; lorsque je m'en aperçus,
ils étaient déjà si éloignés, ayant pris un autre chemin, qu'à grand'peine purent-ils m'entendre quand
je leur criai plusieurs fois de toutes mes forces.

MON VOYAGE AU FLEUVE DE SAINT-FRANÇOIS.

Arrivé à Pernambouc, où le Révérend Père Supérieur me reçut avec toute la charité possible, je
cherchai incontinent un embarquement pour aller au
fleuve de Saint-François, avec un jeune Indien de
l'aldée d'où je venais, qui voulut bien m'y accompagner, et qui me servit beaucoup dans la suite. Mais,
le même jour que nous nous embarquâmes, nous
fîmes naufrage à la vue du port. Il n'y eut de perdu
que le bâtiment et quelques marchandises. De là à
trois semaines, nous trouvâmes une autre occasion ;
nous la prîmes, et arrivâmes heureusement au Pa-
nedo, petite ville à sept lieues au-dessus de l'embou-
chure du fleuve. De là, nous le remontâmes dans une

barque jusqu'à vingt lieues plus haut, où est située l'aldée des Aramourous, avec lesquels le Père Anastase, capucin, était venu s'établir pendant mon séjour à Paraïba.

Il nous reçut avec une tendresse qui ne se peut exagérer. Après quelques jours de repos, le Père François de Domfront, qui s'était embarqué avec moi à Pernambouc, continua sa route à son aldée des Rodelles, avec les petites commodités qu'il avait apportées de Pernambouc. Pour moi, je fus obligé de rester pour me préparer au voyage, ne sachant encore où aller, et n'ayant pas de chevaux pour porter mon bagage.

Cependant que je fus dans l'aldée du Père Anastase, je vis le grand service qu'il rendait aux Portugais et à leurs nègres, aussi bien qu'aux Indiens. Il était infatigable, et allait jour et nuit partout où il était appelé, même à dix ou douze lieues, et encore plus loin, faisant sa mission, confessant les Portugais, leur faisant des exhortations pour les retirer de leurs mauvaises habitudes. Et il réussit si bien, avec le secours de Dieu, qu'ils changèrent entièrement, à dix et douze lieues à la ronde, se donnant à la piété et fréquentant les sacrements; en sorte que, les dimanches, il était toujours près de midi avant qu'il pût commencer la messe, à cause de la multitude des confessions. C'est pourquoi il était très estimé et très aimé dans ce lieu-là, et avec bien de la justice, puisqu'il travaillait avec tant de zèle pour le salut de leurs âmes, et qu'il se donnait tant de peine pour eux.

PÉRIL OU JE ME TROUVAI AVEC LE PÈRE ANASTASE.

Pendant mon séjour en cette aldée, il arriva un étrange accident, qui nous pensa coûter la vie à l'un et à l'autre. Les Indiens, ayant pris querelle les uns contre les autres, en étaient déjà venus aux flèches, et aux épées ceux qui en avaient; et il y en avait déjà cinq de blessés. Nous courûmes pour les séparer; mais quelques-uns se tournèrent contre nous, et nous voulurent tuer à coups de flèches. Dieu nous délivra du péril, et je parai à notre nègre un coup d'épée qui l'aurait traversé jusqu'à la garde, si je n'avais frappé sur le bras de celui qui le lui poussait à bras raccourci; il lui passa par dessous l'aisselle sans le blesser. Nous apaisâmes enfin la sédition; nous pansâmes les blessés, et il ne mourut qu'une femme, qui avait reçu trois coups de flèches et deux coups de couteau : elle avait été l'auteur de la querelle.

Après deux mois de séjour au plus, la divine Providence m'ouvrit les moyens de poursuivre mon voyage, et d'aller fonder une mission parmi les Cariris. Un gentilhomme me donna en pur don un très bon cheval; le Père Anastase m'en trouva un autre par le moyen de quelques messes qu'on me demanda, et un ami du Père Anastase m'en prêta un troisième. Je partis donc à pied avec cet équipage, accompagné de deux Indiens que le Père Anastase me donna, de notre nègre et de l'Indien que j'avais amené de Paraïba.

MON DÉPART DE L'ALDÉE DU PÈRE ANASTASE.

Nous eûmes tant de bonheur par les chemins, que, quoique aucun de nous n'eût expérience de charger et de décharger les chevaux, et quoiqu'il y eût des chemins très difficiles, entre autres des montagnes escarpées, dont l'une a près de demi lieue toujours à monter et autant à descendre, et si raide, que j'étais étonné comment les chevaux ne se renversaient en montant, et ne se culbutaient en descendant; néanmoins, rien ne cassa, et aucune charge ne tomba. Nous fûmes près de trois heures à gravir cette montagne.

Enfin, nous arrivâmes aux Rondelles après huit jours de marche. Là, le Père François de Domfront, dont j'ai parlé, me reçut avec bien de la joie et de la charité. Après un jour de repos, nous allâmes au Pambou, environ à vingt-deux lieues au-dessus, sur le même fleuve de Saint-François.

EFFETS DE LE PROVIDENCE DE DIEU.

Là, je connus visiblement que la divine Providence veillait à mes besoins, et m'appelait en ces lieux pour la conversion des pauvres Indiens qui y demeurent; car j'ai eu les plus heureuses rencontres.

J'arrivai sur le midi à la chapelle de Pambou. Elle a été bâtie par les Portugais, de terrasse seulement. Ils s'y assemblent, à Noël et à Pâques, de de trente lieues et plus à la ronde, pour faire leurs dévotions, et leur chapelain y demeure lorsqu'il a fait son tour, c'est-à-dire après qu'il a été, à plus de cent lieues au-dessus et trente lieues au-dessous, confesser les habitants d'un côté du fleuve en montant, et de l'autre côté en descendant, disant la messe de dix en dix lieues, où les Portugais s'assemblent pour se confesser.

Arrivés, dis-je, au Pambou, nous fûmes nous mettre à l'ombre et nous reposer, pour prendre notre réfection, sous une espèce de halle, faite exprès pour se mettre à couvert, au temps de leurs assemblées, et couverte de paille... Là, tandis que nous préparions notre pauvre diner, qui ne consistait que dans un peu de viande sèche, quasi aussitôt cuite qu'elle est présentée au feu, et de la cassave et de l'eau, vint un honnête Portugais, nommé Francisco Rodriguez. Peu après, arriva un Moulate, nommé Philippe de Costa, homme d'esprit, ensuite un Indien, nommé Tapicourou. Ils furent tout surpris et joyeux de me voir, n'ayant jamais vu là de Capucin. Le Portugais me demanda le sujet de ma venue. Le lui ayant déclaré, il m'en marqua bien de la joie, et aussitôt il me sollicita de m'établir dans l'île de Pambou, vis-à-vis, où il y avait une belle aldée de Cariris. Il m'assura que tous les habitants du fleuve seraient ravis de m'avoir, et que, de sa part, il m'aiderait en ce qu'il pourrait.

Le Moulate désirait aussi que je m'approchasse de sa maison, et que j'allasse m'établir dans l'île d'Ouracappa, où il y avait une belle aldée : c'est à quatre lieues au-dessus de Pambou.

Tapicourou eut pendant ce temps-là une longue conversation avec l'Indien que j'avais amené de Paraïba, qui lui dit beaucoup de choses à mon avantage, et lui fit entendre que c'était un grand avantage et un grand bonheur pour eux, en toute manière, d'avoir un missionnaire avec eux. Il lui raconta par le détail les biens que ceux de Paraïba, qui sont de la même nation, en avaient tirés. Cet Indien me fit dire par le mien qu'il me priait d'aller faire ma demeure à Ouracappa, que c'était la plus ancienne et la plus grande aldée, ce que le Moulate me persuada aussi de toutes ses forces.

Tapicourou fit aussitôt diligence pour trouver un canot, qu'il mena depuis le Pambou, avec deux autres Indiens, jusqu'à Ouracappa, pour me passer le lendemain. Le fleuve était fort enflé, et redoutable pour sa violence et la multitude de ses rochers, qui font des courants impétueux en plusieurs endroits. Je suis encore dans l'admiration de ce qu'ils purent conduire ce canot parmi ces courants et ces rochers; car il était même percé en bien des endroits, où ils ne mettaient que de la terre grasse pour boucher les trous. Enfin, je passai le fleuve vis-à-vis l'île d'Ouracappa, large de plus de mille pas, avec bien de la crainte, à la vue de tant de périls.

MON ENTRÉE DANS OURACAPPA.

Tapicourou avait déjà prévenu le capitaine et toute l'aldée de mon arrivée, leur ayant conté ce que mon Indien leur avait dit. Ils s'assemblèrent aussitôt autour de moi, lorsque je fus arrivé dans l'aldée, me regardant avec étonnement : les enfants, jusqu'à l'âge de douze ans, se mirent à fuir pour la plupart, et ne se retournèrent qu'après s'être rassurés. Mon

Indien leur parla ; ils l'écoutèrent avec grande attention, car jamais ils n'interrompent celui qui parle.
Enfin, ils me marquèrent par leurs manières et par
ce que mon Indien m'en put faire entendre en portugais, dont il savait quelques mots, que j'étais le
bienvenu. Surtout le capitaine, nommé pour lors
Ourara, c'est-à-dire Tambour, et qui ensuite fut
nommé au baptême Tomé Alarez, donna des marques
singulières de sa joie. Ce capitaine a vécu sainte-
ment, aidant beaucoup les missionnaires après qu'il
fut baptisé. Il avait huit enfants, qui tous ont été
bons chrétiens. J'en menai un en Portugal nommé
Antoine, lorsque j'y retournai à cause de mes
infirmités, qui me mettaient hors d'état de servir
dans la Mission. Je parlerai, dans la suite, de ce
jeune Indien.

<h3 style="text-align:center">CAS NOTABLE.</h3>

Avant de parler du commencement de ma mission
dans ce lieu, il est à propos de raconter un cas qui
fera connaître clairement que Dieu appelait ce capitaine et toute son aldée à la foi.

Son frère aîné, nommé Ouracappa, dont l'île porte
le nom, était mort quelque six mois avant mon arrivée, et n'avait laissé qu'une fille, mariée à un brave
jeune homme ; déjà deux enfants leur étaient nés. Les
Indiens furent partagés dans leurs sentiments pour
l'élection d'un nouveau capitaine. Les uns disaient
que ce devait être le gendre du défunt ; les autres
voulaient que ce fût son frère, parce qu'une fille ne
pouvait pas succéder dans le gouvernement. Ne
s'accordant pas. ils convinrent ensemble de prendre

pour arbitre de leur différend trois Portugais, leurs voisins et assez amis.

Les Portugais consultèrent leurs propres intérêts. Ils connaissaient déjà les belles inclinations d'Ourara, frère du défunt, et le savaient toujours prêt à leur rendre service; ils décidèrent en sa faveur. Il fut aussitôt accepté et reconnu de tous comme capitaine. Mais il s'y opposa, et leur dit qu'il ne voulait point être capitaine, à moins qu'on ne le fît chrétien. Les Portugais lui répondirent que dans six lunes (car ils comptent par les lunes), il viendrait des Pères qui le baptiseraient. Il avait vu baptiser quelque enfant, et on lui avait fait entendre qu'il fallait être baptisé pour être sauvé.

L'événement fit voir que c'était une prédiction, car les Portugais ne savaient aucunement que je dusse venir là; mais, en fait, j'arrivai six mois après. C'est ce qui aida beaucoup à me donner une favorable entrée parmi ces Gentils; et ce capitaine, si bien intentionné, s'intéressa si fort pour moi, que, dans un mois, jour pour jour, j'eus une église et une maison assez capablement bâties. Tous y travaillèrent avec ardeur, jusqu'aux enfants; j'en fus l'architecte, et je ne réussis pas mal pour la première fois que je fis ce métier. Le tout n'était que de bois et de terre, et couvert d'une espèce de paille, mais fort proprement. Le susdit Francisco Rodriguez, Portugais, me donna un fort grand bœuf pour cet effet, et me demanda quelques messes : je donnai ce bœuf aux Indiens, qui le mangèrent en travaillant; je n'en pris pour moi qu'à peu près vingtliv res.

COMMENCEMENT. DE LA MISSION.

Je commençai donc, au nom de Notre-Seigneur, au bout du mois, d'appeler les Indiens à l'église, au son d'une petite clochette. Ils y vinrent incontinent. Il est à croire que la curiosité les y amenait plutôt que la dévotion. Je commençai à leur enseigner à faire le signe de la croix, me servant, pour leur exemple, de mon Indien. Ensuite, je leur enseignai le *Pater*, l'*Ave*, le *Credo*, et tout le reste du devoir d'un chrétien, successivement, en langue portugaise, ne sachant pas la leur : c'est, du reste, ainsi que faisaient les Portugais, parmi lesquels je demeurais.

Je fis en sorte que les personnes âgées apprissent comme les autres, quoiqu'au commencement elles s'excusaient en me montrant qu'elles n'avaient plus de dents pour prononcer. En ayant fait dire quelques mots à quelques-uns, je les louais, encore qu'ils prononçassent très mal, de sorte qu'ensuite ils avaient de l'émulation à dire les prières, les vieillards se plaignant si je ne les leur faisais pas dire. Ainsi, non seulement les jeunes gens, mais encore les anciens de l'un et de l'autre sexe, apprirent leurs prières en portugais : à quoi les aida beaucoup la coutume que nous avions de chanter tous les soirs la couronne de la sainte Vierge en faux bourdon, comme j'ai dit. Ils y prenaient un singulier plaisir, à cause de l'harmonie, n'ayant jamais rien entendu parmi eux d'approchant. J'étais, aussi, charmé d'entendre louer Dieu et la sainte Vierge par ces pauvres Indiens, qui ne les avaient jamais connus.

LES MOYENS QUE JE PRIS.

Je compris d'abord que si je pouvais gagner l'affection des Indiens, je viendrais facilement à bout de
tout avec le secours de la grâce de Dieu. C'est pourquoi je n'omis rien de ce qui pouvait leur faire comprendre que je les aimais sincèrement, et que le seul
amour de leur salut m'avait amené parmi eux. Je
montrai de la sollicitude pour tout ce qui regardait
leurs avantages, leur santé, leurs repos, leurs intérêts. Je ne recevais jamais rien d'eux, que je ne les
récompensasse au double. J'avais l'occasion tous les
jours de leur faire du bien, et j'en avais les moyens
par mes petits ménagements pour les aumônes des
Portugais, et par la rétribution des messes qu'on me
demandait ; j'en dépensais fort peu pour mon entretien, employant le reste à leur acheter des ferrements, des couteaux, de la toile, du drap pour les
vêtir : en sorte que peu à peu ils furent tous décem-
ment couverts pour venir à l'église. Toutes ces
choses frappaient trop les sens pour ne leur pas faire
comprendre que je les aimais cordialement ; aussi me
regardèrent-ils comme leur père, et véritablement
je ressentais en moi-même une tendresse de père et
de mère, et je n'épargnais rien pour la leur prouver.

Ils vinrent, dans la suite, à un tel point de respect
et d'obéissance à mon égard, qu'ils n'eussent pas
voulu s'absenter une fois de la Doctrine, ou aller
voir leurs parents dans les autres aldées, sans me
demander la permission ; et, sitôt qu'ils étaient de
retour, ils venaient me baiser la main. Ils faisaient

la même chose lorsque ils s'absentaient, ou plutôt
que je m'absentais pour quelques jours, allant dans
une autre ville ou aldée. Ils venaient pour lors pour
me féliciter de mon retour. Je peux dire, enfin, qu'un
père et une mère se pourraient tenir heureux d'avoir
des enfants aussi soumis et respectueux que les
Indiens d'Ouracappa l'étaient véritablement à mon
égard.

Une République ne se peut pas gouverner sans
lois pénales ; c'est pourquoi j'en établis, mais toujours très humaines, quoique assez sensibles pour
retenir dans leur devoir les faibles, et pour punir
les coupables. J'établis des officiers, pour cet effet,
à qui je faisais quelques gratifications. Je disposai
si bien les coupables à se soumettre au châtiment,
qu'ils s'y soumettaient volontairement, et, de tous
ceux que je fis châtier, il n'y en eut qu'un qui ait
cherché les moyens de se venger. Il était fils d'un
capitaine, âgé d'environ vingt-trois ans, et marié.
Officier lui-même, il se servit de son autorité pour
faire mal ; mais il reconnut sa faute peu de temps
après.

LES OBSTACLES QU'IL FALLUT SURMONTER
POUR FAIRE LA MISSION.

Il y a eu des obstacles à notre mission, de la part
des hommes et du démon ; quoique, à le bien prendre, on puisse dire que le démon a été le premier
auteur et l'instigateur de ces obstacles, et qu'il s'est
servi des différentes passions des hommes pour venir
à bout de ses desseins, ne le pouvant seul. Le démon
est ce fort de l'Évangile, qui défend à main armée

son royaume, autant qu'il peut, contre celui qui l'en veut chasser; et il ne cède qu'à la force du victorieux. C'est ce qui est arrivé dans ma mission, comme dans celles des autres. Il s'est servi de l'avarice de quelques-uns, de la paresse et même de la jalousie de quelques autres, de l'incontinence de plusieurs, tant Portugais qu'Indiens, lesquels ont poussé leur passion si loin, au moins quelques-uns, qu'ils ont tâché d'intéresser l'État, pour notre expulsion du Brésil, par des calomnies malicieuses, portées jusqu'à la cour de Portugal, capables de donner de la défiance de notre fidélité, parce que nous étions Français.

L'intérêt, donc, de quelques particuliers qui avaient mis du bétail sur les terres des Indiens, étant un peu traversé par un missionnaire, qu'ils avaient eux-mêmes appelé plus pour la sûreté du bétail que par le zèle de la conversion des Indiens, comme le succès le fit voir, ils se déchaînèrent contre nous, et employèrent toute sorte de moyens pour nous chasser.

Nos missionnaires se virent obligés de s'opposer à l'usurpation violente des terres des Indiens par les Portugais, parce que la multitude du bétail dévorait leurs plantes, et les obligeait à se séparer en divers lieux pour vivre, et par conséquent elle empêchait la mission.

C'est ainsi qu'en usa, premièrement, un certain Portugais nommé Antonio Dolivera, qui avait appelé, comme j'ai dit, le Père Théodore de Lucé parmi les Cariris du fleuve de Paraïba. Il s'adressa au Gouverneur et à la Chambre de la ville, qu'ils appellent *Camara*, leur représentant qu'on avait bien sujet de se défier de nous, étant Français. Pour les persuader, il nous accusa d'enseigner aux Indiens à manier les armes, et d'en avoir déjà donné à quelques-uns. Enfin, il sut si bien colorer la calomnie, qu'ils écrivirent en cour contre nous tous. Nous en fûmes heureusement avertis par un ami, qui nous montra un fragment de lettre écrite par le susdit Antonio Dolivera au Gouverneur et à la Camara, qui nous fit assez comprendre le surplus. Et, quoi qu'il fût très faux que nous eussions donné des armes aux Indiens, et enseigné à s'en servir, quoique, au contraire, le Père Théodore eût présenté sa plainte au Gouverneur, il y avait quelque temps, de ce que quelques Portugais leur en avaient donné, néanmoins la calomnie prévalut et fut portée à la cour.

Cela m'obligea de prendre la liberté d'écrire une lettre à la Reine de Portugal, Française de nation, la suppliant de nous prendre sous sa protection. Elle était pour lors la Régente. J'envoyai la lettre ouverte au Supérieur des Capucins, à Lisbonne, Père Gabriel de Serrent, afin d'en user comme il jugerait à propos. J'exposai succinctement et nettement à Sa Majesté le fait, répondant solidement aux charges, et faisant voir clairement leur fausseté. Dieu bénit mon zèle pour la défense de sa cause. Cette lettre empêcha notre expulsion du Brésil; mais elle ne put empêcher que, par l'ordre de la cour, on n'en fît des informations juridiques sur les lieux, lesquelles, étant commises à des personnes de probité, nous justifièrent entièrement, et nous autorisèrent plus que par le passé. Le Révérend Père Supérieur me remercia fort obligeamment de ma lettre, et me dit que, sans elle, il croyait bien qu'on nous eût expulsés du Brésil.

SECOND OBSTACLE.

Cet orage passé, le démon en suscita un autre tout pareil, trois ans après, sur le fleuve de Saint-François, et pour le même sujet. Le libertinage de quelques-uns se joignit à l'intérêt des autres, parce que le zèle de nos missionnaires leur était également opposé ; mais leur démarche eût le même sort que la première, après une information encore juridique sur les lieux. Celle-ci nous justifia glorieusement, et nous procura la protection des gouverneurs des villes de la Baye et de Pernambouc, qui firent des ordres rigoureux contre ceux qui nous voudraient inquiéter dans nos différentes missions.

TROISIÈME OBSTACLE.

La jalousie du fruit que nous faisions parmi les Indiens, accompagnée de paresse ou de pusillanimité, en irrita d'autres, que leur état devait porter à travailler avec nous à la conversion des Indiens plutôt qu'à nous traverser ainsi. Ils publièrent partout que nous ne faisions rien que baptiser des bêtes ; que, si les sauvages eussent été capables d'instruction, ils étaient aussi capables que nous de la leur donner, sans que nous prissions la peine de venir de si loin pour ce sujet ; que nous employions ce prétexte de mission pour vivre en liberté. Ils en usèrent ainsi à notre égard, en partie parce que le Gouverneur de Pernambouc, dans une occasion, leur reprocha d'une manière fort sensible leur négligence, leur disant que le roi de Portugal leur donnait de bonnes rentes pour faire la mission, et qu'il fallait que des étrangers vinssent la faire de bien loin sous leurs yeux, sans qu'ils s'animassent par leur exemple. Il leur dit, enfin, des choses très mortifiantes, qui les excitèrent fort injustement contre nous.

Dans ce même temps, je retournai à Pernambouc, et, étant allé avec un missionnaire, mon ancien, au palais du gouverneur pour quelque affaire, nous trouvâmes, dans une salle particulière, un ex-gouverneur de Pernambouc, mais peu ami des Capucins Français, quoiqu'ils lui eussent rendu des services signalés, aussi bien qu'à l'État, puisqu'ils ont été la principale cause du recouvrement de Pernambouc sur les Hollandais, qui le possédaient depuis vingt-quatre ans. L'histoire en serait agréable, et glorieuse aux Capucins ; mais elle serait longue et hors de mon dessein.

Nous trouvâmes ce seigneur avec trois supérieurs de différents ordres, deux ecclésiastiques considérables, et plusieurs des principaux officiers de la place. Cette rencontre inopinée nous surprit un peu. Ce seigneur nous demanda la cause de notre venue, et, lui ayant répondu simplement que c'était au sujet de notre mission, ils en prirent occasion de nous railler les uns et les autres. Quelques-uns, même, osèrent avancer qu'il était impossible de convertir ces gens-là, qu'ils en avaient l'expérience, et qu'ils étaient assez de prêtres et de religieux au Brésil, aussi capables et aussi zélés que nous, pour s'y employer, s'il y avait quelque bien à faire.

Après que mon compagnon, qui était un peu trop timide, eût répondu ce qu'il pouvait, je le priai de trouver bon que je disse aussi mon sentiment à ces Messieurs. Je commençai en m'excusant de ce que je ne parlais pas assez bien le Portugais pour m'expliquer sur le sujet autant que je l'aurais souhaité. Le Gouverneur me répondit, d'un air et sur un ton railleur : « C'est de quoi nous nous plaignons tous, que vous ne parliez pas bien le Portugais. »

Je lui répliquai avec bien du respect, mais aussi avec une grande fermeté, que je pourrais aussi me plaindre de ce qu'il ne parlait pas le français ; parce que j'aurais eu un grand avantage pour faire valoir ma réponse sur le sujet proposé.

« C'est, Monseigneur, lui disais-je, contre l'expérience de nos yeux, et même contre la foi, par des conséquences nécessaires, d'avancer qu'il est impossible de convertir les Indiens du Brésil : je le prouverai clairement en deux mots. »

On me donna une plus grande attention :

« On peut et on doit juger de la possibilité d'une chose par l'expérience du passé ; or, nous voyons devant nos yeux, non seulement dans notre mission, mais dans celles des Révérends Pères Jésuites, plusieurs Indiens qui se sont bien convertis ; donc il n'est pas impossible de les convertir. Secondement, les Indiens sont des hommes raisonnables comme nous, enfants d'Adam comme nous, quoique très ignorants. Jésus-Christ est donc mort pour leur salut comme pour le nôtre ; et il n'est pas impossible de les convertir, si on y apporte les moyens nécessaires. »

J'ajoutai peu de chose à cela. Ce fut assez pour leur fermer la bouche à tous, et pour les obliger à nous parler sérieusement et avec honnêteté. Le

Gouverneur même, qui nous avait raillés, nous fit pour notre mission un présent de la valeur de douze pistoles.

Il a fallu répondre sur ces mêmes objections dans une infinité d'occasions, parce que ceux qui se trouvaient intéressés dans leur crédit à ce qu'il n'y eût pas de mission, publiaient qu'il n'y avait rien à faire parmi les Indiens, que c'étaient des bêtes sous la figure d'hommes, et qu'ils en avaient l'expérience.

Ils avaient tous raison, faisant comme ils faisaient ; car, pour travailler à la conversion des Indiens, il faut, avec la grâce de Dieu, principalement quatre choses. La première, apprendre leur langue, sans quoi on est barbare avec les barbares. La seconde, une grande charité, pour supporter toutes leurs imperfections, leur grossièreté, leur ingratitude, jusqu'à ce qu'on les ait civilisés ; car l'ingratitude est fille de la grossièreté. La troisième, un grand désintéressement personnel au sujet des choses temporelles, et un grand dévoûment pour eux, en leur faisant tout le bien qu'on peut, et les protégeant contre tous ceux qui les oppriment. La quatrième, un grand amour pour la chasteté, prenant bien des précautions sur ce sujet, à cause des objets périlleux où on est continuellement exposé, les Indiens étant fort fragiles.

Or, toutes ces qualités se trouvent rarement dans les Portugais.

Premièrement, il y en a très peu qui veuillent se donner la peine d'apprendre la langue, sans laquelle il est impossible de les catéchiser comme il faut, pour en faire de bons chrétiens. Secondement, ils ont presque tous un profond mépris pour les Indiens ; ils les traitent de chiens. Troisièmement, ils sont intéressés, encore qu'en d'autres occasions ils soient libéraux jusqu'à la prodigalité. Quatrièmement, étant nés dans un pays très chaud, et vivant dans l'oisiveté et dans une grande liberté, parmi des esclaves des deux sexes presque tout nus, et dont ils disposent à leur volonté, il est très difficile que, changeant l'état laïque contre l'ecclésiastique ou régulier, ils soient bien chastes, surtout s'ils sont exposés aux mêmes occasions périlleuses que les missionnaires, spécialement avant que les Indiennes soient chrétiennes et bien pénétrées des vérités de la foi. Il ne s'en trouve que trop qui sollicitent les hommes au mal, si elles aperçoivent la moindre faiblesse, ou si elles peuvent espérer quelque profit, parce qu'elles n'ont ni honte naturelle, ni crainte de Dieu.

C'est pourquoi un très prudent et saint supérieur d'une communauté de plus de cent religieux, me répondit, dans une occasion où je le sollicitais très fortement d'envoyer des religieux à la mission, lui représentant le fruit qu'il y avait à faire : « Mon Révérend Père, mes religieux sont pour la plupart nés dans le Brésil, élevés parmi les occasions que vous savez ; je n'ose pas les exposer à ces occasions, qu'ils ont quittées pour se sauver. Dans le couvent, ils vivent selon leur état, et avec exemple, vous le savez. » Voilà ce qu'il me dit, et c'est la raison pourquoi, parmi tant de prêtres et de religieux qui sont dans le Brésil, il y a si peu de missionnaires portugais ; la plupart de ceux qui sont missionnaires, même parmi les Pères Jésuites, sont étrangers.

Il y a un autre obstacle à la mission, et bien considérable, de la part des Indiens eux-mêmes. Il en est, parmi eux comme parmi nous, de dociles et de bien nés, comme aussi d'indociles et de pervers. Les premiers se rendent facilement ; les seconds résistent longtemps, et souvent pervertissent les autres. On ne les peut dompter qu'avec le temps et par la rigueur. Ils sont fort attachés à leurs cérémonies païennes et à leurs traditions, parce qu'elles favorisent, la plupart du temps, la sensualité, leurs fêtes consistant en danses, festins à leur mode, et vraies impudicités.

De plus, il faut renoncer à la polygamie, et vivre constamment dans le mariage avec une seule femme jusqu'à la mort. Or, ils quittaient les leurs très facilement pour en prendre d'autres ; cette liberté était réciproque. Enfin, il faut s'assujettir aux lois sévères du christianisme, où la nature répugne, et surtout à la confession.

Ils ne sont pas moins attachés à leurs traditions, quoique très déraisonnables, et même gênantes : deux exemples entre plusieurs le feront voir. Le premier est au sujet des femmes nouvellement accouchées. Elles ne devaient manger ni viande, ni poisson, ni œufs, ni bouillon de viande ou de poisson, mais vivre de cassave, millet, pois et autre légumes, jusqu'à ce que les dents commençassent à venir à leurs enfants. Elles étaient persuadées que ceux-ci seraient morts, ou n'auraient point eu de dents, si elles en avaient mangé devant ce temps-là ; et, comme ces choses leur manquaient assez souvent, elles devenaient comme des squelettes, et leurs enfants aussi ; il en mourait quelques-uns, de pure nécessité.

Je commençai à les détromper par la fille du

capitaine Thomas Alurez. Elle avait toujours été très vertueuse, soit fille, soit mariée, et fort obéissante. Je la fus voir après ses couches. Je lui portais un bouillon, avec un peu de viande, la priant d'en manger. Elle s'en excusa sur leur tradition; je lui donnai tant de raisons et d'exemples pour la détromper, que, pour ne me pas déplaire, elle se soumit à prendre de ce que je lui avais apporté; elle en mangea fort peu, et me dit que c'était assez, qu'elle m'avait obéi.

Je ne la voulus pas contraindre, de peur que la répugnance que son imagination lui causait, ne lui fît mal. Mais, de là à quelques heures, je retournai la voir, et lui demandai l'état de sa santé, et si ce que je lui avais donné lui avait fait mal. Elle me répondit simplement que non; je l'obligeai à en prendre une seconde et une troisième fois, et ensuite elle mangea librement de la viande. Son exemple détrompa les autres.

Le second était au sujet de leurs fêtes, augures et divinations. Ils en étaient tellement entêtés, qu'ils furent longtemps à s'en désabuser, quelque raison que je leur en donnasse. Souvent, sous prétexte d'aller à la chasse, ou chercher du miel par les bois, ils se dérobaient de l'aldée pour faire en cachette leurs cérémonies. Il fallut donc en venir à la rigueur, et châtier les coupables, ce qui ne se pût faire sans bien du péril pour nous, spécialement dans une occasion, où ils se soulevèrent et pensèrent nous tuer. Enfin, avec le secours de Dieu nous en vînmes à bout. Ils nous livrèrent leurs idoles, leurs habits de cérémonies, et tout fut traîné et brûlé publiquement. Cela fait voir la constance qu'il faut à des missionnaires pour ôter aux Indiens leurs superstitions, et les faire renoncer à leurs traditions.

PÉRILS OU JE M'EXPOSAI.

Comme il fallut, donc, pour les faire chrétiens, les amener à renoncer à toutes les œuvres et pompes du démon, et aux dérèglements d'une vie libertine, je m'exposai plusieurs fois à de très grands périls, plus spécialement quatre fois ; et des quatre il y en a deux où je ne pus douter que ce ne fût une espèce de miracle d'avoir échappé de leurs mains.

Dans la première, le Révérend Père Anastase d'Audierne était présent, et il me garantit d'un coup de sabre sur la tête, sautant au bras d'un capitaine d'Indiens très méchant, qui l'avait déjà levé pour me frapper. Je ne le voyais pas, parce qu'il était derrière moi, et j'étais fort embarrassé pour empêcher les autres, qui sautaient sur leurs flèches contre nous. Il le désarma et se saisit du sabre. Pour lors, une grande terreur les saisit tous ; ils mirent bas les armes, et nous pacifiâmes tout ; en sorte qu'ils me firent même un présent, à savoir, de pois secs. Il y avait aussi avec nous un Portugais, qui pensa mourir de peur dans cette occasion.

Dans l'autre circonstance, j'étais seul avec un Indien d'Ouracappa : c'était mon fidèle Tapicourou, dont j'ai parlé. Si je ne m'étais servi d'adresse pour les tromper, non seulement ils m'auraient tué, mais ils m'auraient mis en pièces, comme ils le firent bien paraître et le déclarèrent à un Portugais. Je sentis le péril par un mouvement intérieur, et me retirai

promptement. A peine étais-je à cent pas, dans un
canot, sur la rivière, qu'ils parurent tous armés sur
le bord, menaçant avec toutes les démonstrations
possibles de fureur.

Ces deux occasions arrivèrent dans l'aldée d'Irapoa,
où nous n'avions ni église, ni maison, ni aucun chrétien. Le capitaine était très méchant et opposé à la
mission; il empêchait ses gens de se convertir à la
foi : ce fut le sujet du péril où je m'exposai. Mais
enfin il fut tué lui-même par les siens, et brûlé sous
le nom de sorcier. Si véritablement il y en avait un
parmi eux qui eût commerce avec le diable, c'était
celui-là. Il avait été la cause de la mort d'un très
grand nombre d'Indiens qu'on avait massacrés et
brûlés, parce que ce malheureux, qui faisait métier
de deviner, les avait accusés malicieusement d'être
sorciers.

TERREURS SALUTAIRES AUX INDIENS.

Je ne peux douter que Dieu n'ait jeté plusieurs
fois la terreur dans l'esprit des Indiens, pour leur
salut, lorsque j'ai entrepris dans l'intérêt de son service des choses qui ne peuvent paraître que téméraires, et dont le succès, néanmoins, à fait voir que
lui-même il me les inspirait, m'en cachait le péril,
ou me le faisait mépriser; car cela ne se pouvait
humainement, et les Portugais étaient dans l'admiration que j'osasse entreprendre, seul et sans armes,
ce qu'ils n'auraient osé faire étant plusieurs et armés.
Entre diverses occasions où j'ai visiblement senti ce
secours de Dieu, dans les nombreux périls où je me

suis exposé, outre les deux ci-dessus, j'en rapporterai encore quelques-unes très succinctement.

La première fut telle :

Les Indiens d'Ouracappa s'enfuirent un jour pour la plupart de l'aldée, à la persuasion du colonel Francisco Dias Davila. Il leur donna pour ce sujet quelques présents, parce que sans doute il sentait bien que je m'opposerais à ses desseins, comme injustes et préjudiciables à la mission. Ils retournèrent de là à quelques jours ; Dieu leur ayant inspiré une grande terreur par la mort de deux d'entr'eux, qui peut-être avaient été induits par d'autres. Je leur fis une correction sévère, et, prenant la discipline à la main, je frappai indifféremment sur eux. Au lieu de se soulever contre moi, il se jetèrent par terre tout tremblants, criant miséricorde.

La seconde eut lieu à propos d'une espèce de soulèvement contre moi. J'avais châtié quelques coupables, et, prévoyant les suites, après un peu de réflexion je me recommandai à Dieu, et fus seul au milieu de l'aldée. Là, je criai à haute et intelligible voix : « Sortez, sortez de vos maisons. Je suis seul ; il ne vous sera pas difficile de me tuer si vous le voulez faire. Je ne crains pas de mourir pour le service de Dieu en cherchant votre salut. Prenez telle résolution que vous voudrez ; car il faut ou m'obéir ou me tuer, étant résolu de châtier les coupables absolument, puisque vous m'avez appelé parmi vous pour vous faire chrétiens. » Je m'étendis beaucoup là-dessus pour leur faire comprendre les travaux que j'avais soufferts à leur occasion, et les conséquences de l'impunité. Ce qui eut un très bon effet.

La troisième fut à ce sujet : Le capitaine de l'île

Cavallo était un homme très fier et très redouté, parce qu'il avait quantité d'enfants et de neveux qui passaient pour vaillants. Il reçut mal une correction verbale que je lui fis justement, pour quelque faute. Il s'alla plaindre avec beaucoup d'exagération au colonel Francisco Dias Davila, me calomniant, et, par son conseil, il conduisit ses Indiens à une autre île pour faire leur demeure, et par là m'obliger à les abandonner. Afin de m'éviter la peine de bâtir une nouvelle maison et une nouvelle église, j'écrivis à ce même Monsieur, pour me plaindre et pour lui dire que je le croirais auteur de leur fuite, s'il n'obligeait ce capitaine à comparaître devant lui, en ma présence, à tel jour et à telle heure que je lui marquais, sans faire connaître au dit capitaine Indien que je m'y devais trouver. Le tout fut exécuté ponctuellement, parce que Francisco Dias prévit bien que j'aurais porté des plaintes contre lui au gouverneur de la Baye.

Lorsque le capitaine indien, qui vint accompagné de trois des siens, me vit dans la salle où il était, il fut surpris. Chacun ayant pris place, Francisco Dias pria un capitaine d'ordonnance portugais, qui savait un peu la langue des Cariris, de leur dire de ma part qu'ils auraient dû m'obéir et ne pas me donner de chagrin. Il ajouta quelques autres choses, dont les Indiens firent fort peu d'état. Après qu'il eut dit ce qu'il pouvait, je parlai à Dias en ces termes : « Monsieur, ce n'est pas ainsi qu'il faut parler à ces ingrats, qui m'ont outragé et calomnié, après que j'avais fait pour eux ce que vous savez, sans autre intérêt que celui de leur salut. Souffrez que je leur parle, et que je leur fasse avouer devant vous leur faute et leur malice. »

Aussitôt, regardant d'un visage courroucé ce capitaine Indien, qui était vis-à-vis, je lui dis, d'un ton assez haut et sévère, en mettant mon doigt au milieu de mon front : « Regarde-moi là. » Je répétai les mêmes paroles deux autres fois avec la même démonstration, laissant quelque intervalle entre chaque semonce. Il n'en fallut pas davantage pour le rendre tout interdit, et le faire trembler si violemment, qu'il en battait des dents et ne savait ce qu'il disait. Les autres souffrirent la même peine, et devinrent tout blêmes.

Francisco Dias et le capitaine portugais, avec un autre qui était là présent, furent étonnés d'un tel effet, et s'entre-dirent avec admiration : « Voyez comme ils tremblent! Ils perdent l'esprit! » Je reprochai pour lors à cet Indien sa malice et son ingratitude, rapportant le fait comme il s'était passé : ce qu'il avoua. Après avoir exposé ce que j'avais fait pour eux, et montré qu'ils n'avaient pas de meilleur ami que moi, je leur dis avec fermeté, qu'ils pouvaient voir que, quoique je respectasse beaucoup Monsieur le colonel Francisco Dias, néanmoins je ne dépendais pas de lui; que j'étais envoyé de la part du Pape, avec l'agrément du roi de Portugal, et sous sa protection, pour les faire chrétiens et pour les sauver, s'ils voulaient correspondre à mes bonnes intentions; et que le roi de Portugal ordonnait aux gouverneurs de m'autoriser dans mon ministère, aussi bien que tous les missionnaires, avec menaces de châtiments à ceux qui s'opposeraient à nos missions. Je conclus la conférence par des paroles si tendres et si zélées pour leur salut, que ce pauvre capitaine, parfaitement revenu de sa conster-

nation et de son erreur, me demanda pardon de sa
faute, et protesta, avec les autres, qu'ils feraient
tout ce que je voudrais, jusqu'à me bâtir une nouvelle maison et une nouvelle église, plus belles que les
premières, dans le lieu où ils s'étaient transportés,
qui leur était plus commode, ou bien ils retourne-
raient à leur première demeure.

CHANGEMENT D'ALDÉE.

Je consentis à venir avec eux dans le lieu où ils
s'étaient nouvellement établis, comme étant aussi
plus commode pour moi, n'ayant qu'un bras du fleuve
à passer, tandis que dans l'autre j'en avais de très
difficiles et très périlleux par la violence des courants, où il fallait employer près de deux heures
pour le passage, avec un travail extrême. Le canot
était si petit, qu'il ne contenait que notre nègre et
moi, et je m'étais vu souvent en péril.

Nous vécûmes ensuite en paix, et tous me furent
soumis, après que j'eus bâti une nouvelle église et
aussi une maison, l'une et l'autre plus belles et plus
commodes que les précédentes.

Ce même capitaine indien, dans une autre occasion
qui précéda celle que je viens de rapporter, trouva
mauvais que j'eusse châtié un des siens qui ne venait
point du tout à la doctrine. Je le repris avec tant
d'autorité, qu'il devint tout blême, et ne put se soutenir sur ses jambes ; il dut s'asseoir sur la terre pour
ne pas tomber.

Je crois que ceux qui liront ceci, jugeront, comme
moi, que Dieu opérait visiblement ces effets vraiment

spirituels, et que la séparation en est pénible, il avait de grandes habitudes avec les Portugais de ces lieux-là, qui venaient en troupes, tous les dimanches, à la messe, et recevaient les sacrements; en sorte qu'il était toujours près de midi avant qu'il commençât la messe, en raison de la multitude des pénitents; il en était beaucoup aimé et estimé, avec justice.

On n'entendait plus parler de scandales ni de meurtres à dix ou douze lieues à la ronde, quoiqu'auparavant cela fût très ordinaire. Il y avait une grande réforme dans les mœurs, même chez les nègres, et tout cela servait beaucoup pour la conversion des Aramourous. Enfin, c'était un missionnaire très zélé, toujours prêt, de jour et de nuit, à rendre service.

Monsieur le Gouverneur, ayant appris les services qu'il rendait aux Portugais, lui donna un beau canot tout neuf, qui pouvait porter vingt personnes, afin de lui faciliter ses voyages du haut en bas du fleuve. Il allait quelquefois jusqu'à vingt lieues au loin faire mission parmi les Portugais et quelques Indiens d'une autre aldée : en sorte qu'il rendait de grands services à Dieu dans ce lieu. C'est pourquoi il fut regretté de tous. Le Père Théodore prit sa place; mais, quoiqu'il fût un saint et très zélé religieux, il n'avait ni la force ni les talents du Révérend Père Anastase.

L'autre missionnaire fut, comme je viens de le dire, le Père Joseph de Châteaugontier; mais il ne vint environ qu'un mois et demi après le Père Anastase, et ce fut celui-ci qui l'amena de la ville de la Baye, où il était allé expressément pour délivrer dix ou douze Indiens de son aldée du Pambou, qu'on avait fait esclaves dans une guerre que les Portugais firent à la nation des Cariris, assez mal à propos. Ces Indiens se trouvèrent innocemment parmi ceux qu'on supposait coupables, étant allés les voir comme parents, sans savoir ce qui se passait. Je voulus moi-même faire ce voyage, et nous eûmes une contestation charitable, le Père Anastase et moi, sur ce sujet. Chacun de nous voulait épargner la peine à son compagnon : peine très grande, puisqu'il s'agissait de faire au moins trois cents lieues, sans autres provisions pour le voyage que de la viande sèche, de la farine de cassave, et de l'eau, qui quelquefois manque par les chemins.

Enfin, je lui cédai la couronne, où il avait plus de droit que moi. Ils étaient de son aldée, et il me dit, pour m'obliger à consentir, que ma présence sur le fleuve était plus nécessaire que la sienne dans la conjoncture. C'était vrai, car cette guerre donna lieu à penser aux Cariris du fleuve, craignant avec justice qu'on ne leur en fit autant. J'étais d'ailleurs plus capable que lui de les pacifier, ayant plus d'habitude avec eux, et sachant mieux la langue, parce que j'étais demeuré plus longtemps avec eux, et j'avais aussi plus d'autorité sur leur esprit et sur celui des Portugais; mais, comme ceci arriva immédiatement après la guerre dont je veux parler, je reprends mon dessein.

L'ordre m'ayant donc été signifié de la part du gouverneur de la Baye, par le colonel Francisco Dias Davila, à qui toutes les terres du fleuve, depuis trente lieues en bas jusqu'à plus de cent lieues en haut, appartenaient par don du roi de Portugal, à l'exception de celles qui étaient nécessaires aux

Indiens, je fus obligé de partir avec les Indiens des quatre aldées que nous avions sous notre conduite, auxquels se joignirent plusieurs de ceux des autres aldées. Je voulus m'excuser de cet emploi, pour de justes raisons; car ces pauvres aldées demeuraient sans pasteur, le Père Anastase ne pouvant pas venir dans toutes les occasions assez promptement pour les secourir dans le spirituel, non plus que le Père Joseph. Mais les Indiens qui devaient aller à la guerre me protestèrent qu'ils n'iraient pas si je n'allais avec eux. Ils m'alléguèrent leurs raisons, que je trouvai justes. Je partis donc avec eux et avec tous les Portugais qu'on put ramasser sur le lieu; ils montaient à cent vingt hommes environ, et tous à cheval. Le chapelain ordinaire des Portugais du fleuve, et deux autres religieux de Saint-François se trouvèrent aussi dans cette occasion.

Nous marchâmes aux ennemis, qui étaient à quarante lieues au-dessus de nous. Ils s'étaient rendus maitres de toutes les métairies, qu'ils appellent *Courralo*, des deux côtés du fleuve, sur un espace d'environ trente lieues, après en avoir tué les maîtres et leurs nègres, comme j'ai dit, au nombre de quatre-vingt-cinq, faisant tous les jours un grand dégât sur le bétail.

Nos munitions de bouche consistaient en de la viande sèche, et un peu de farine de cassave pour le colonel et quelques-uns des principaux ; les autres Portugais n'en avaient pas, non plus que les Indiens. Nous tuions du bétail dans les métairies où nous passions, selon nos besoins. Après plusieurs jours de marche, nous découvrîmes les ennemis par le moyen de six cavaliers des mieux montés, qui allèrent à la découverte sans être aperçus. Après leur retour, on fit halte à quatre ou cinq heures du soir, et, peu de temps après, nous aperçûmes quelques-uns d'eux qui passaient le fleuve dans un canot. Apparemment, ils nous virent, ou du moins ils prenaient bien leurs précautions pour n'être pas surpris ; car, le lendemain, nous trouvâmes, avant le lever du soleil, cinq espions, deux à cheval et trois à pied, à demi lieue au-dessus de nous. Ces deux qui étaient à cheval se jetèrent à terre et s'enfoncèrent dans des halliers fort épais, sur les bords du fleuve, où ils furent pris par nos Indiens ; les trois autres se sauvèrent dans des endroits fort serrés, où on ne pût les suivre.

On apprit, de l'un de ces espions, que l'ennemi venait à nous ; l'autre fut tué devant nos yeux par un Portugais, qui le traversa de deux coups d'épée, dont il mourut sur-le-champ. C'était un jeune homme de vingt-quatre ans ou environ, fort bien fait ; ce Portugais fut repris fort sévèrement par le colonel, pour avoir tué de sa propre autorité un espion déjà prisonnier.

On n'eut pas marché trois quarts de lieue, qu'on rencontra les ennemis. On les chargea sans beaucoup d'effet, parce que les Indiens, en se battant à coups de flèches, sont dans un continuel mouvement, et ils voltigent avec tant de légèreté, qu'on ne peut les mirer avec un fusil : ils ont toujours l'œil sur l'arme qui les menace, et changent subitement de situation. Ils se défendirent pendant une lieue et demie, battant toujours en retraite, en bon ordre, jusqu'à ce qu'ils fussent à un gros ruisseau qu'on appelle Rio Dosaliré. Ils le passèrent promptement à la nage, soutenus de plusieurs d'entr'eux qui gardaient leur

afin de chercher le nécessaire pour notre mission, n'ayant plus, les uns ni les autres, de vin pour la messe, de farine pour les hosties, ni les autres choses nécessaires.

Quatre ou cinq jours après mon arrivée à mon aldée, je partis, muni de viande sèche et de farine de cassave pour vingt-cinq jours de chemin ; car il faut porter tout ce qu'on doit manger pendant cent cinquante lieues et plus. Le voyage fut assez heureux, quoique très pénible ; mais, étant arrivé à la Baye, un des quatre Indiens qui m'avaient accompagné mourut, donnant tous les signes de salut qu'on peut désirer : c'était celui dont j'ai parlé ci-devant.

Le gouverneur de la Baye était mort ; quatre maîtres-de-camp et le chancelier tenaient le gouvernement, en attendant du Portugal un gouverneur nouveau. Ces Messieurs me reçurent avec bien de la civilité, et me remercièrent du service que je venais de rendre à l'État dans cette guerre, dont je leur fis le détail. Mais, après ce remercîment, un d'eux dit que, quoiqu'il fût vrai que nous rendions beaucoup de services à Dieu dans nos missions, et aussi à l'État, néanmoins ils avaient sujet de craindre que nous ne tournassions contre l'État le grand crédit et l'autorité que nous avions sur les Indiens, en faveur du roi de France.

Ce reproche soupçonneux me fut très sensible, n'ayant jamais eu, non plus que les autres missionnaires, autre intention que de servir Dieu dans notre difficile ministère, et d'être fidèles au prince dans les états duquel nous vivions. Ainsi, je marquai un peu trop vivement dans cette occasion mon ressentiment, répondant avec grande émotion à ce maître-de-camp,

que le roi de France n'avait pas besoin de traîtres,
et que, quand il voudrait s'en servir, il ne chercherait
pas des Capucins : il avait trop d'estime pour eux.
Ils calmèrent mon ressentiment par des paroles
obligeantes et une aumône de cent francs à notre
mission ; je reconnus moi-même que j'avais été trop
vif dans cette occasion. Cette faute me servit en
d'autres, très délicates, qui se présentèrent environ
un après, comme je vais le dire.

GUERRE. — RENCONTRE AVEC LES CARIRIS DE CANABRAVA.

J'étais de retour à mon aldée environ deux mois et
demi après mon départ, et j'espérais vivre désormais
en grande paix avec les Portugais, après leur avoir
rendu un signalé service avec nos Indiens. Il naquit
incontinent une nouvelle guerre, à soixante-dix lieues
de nous, entre les Portugais et les Cariris de ces
lieux-là, pour une cause assez légère, et peu juste de
la part des Portugais.

Le Brésil est un exil et une retraite pour plusieurs
criminels, condamnés, soit par le Tribunal de l'Inqui-
sition, soit par l'autre. Ce pays se remplit d'habitants défectueux et vicieux bien plus que d'autres,
parce qu'on y vit avec beaucoup de liberté et de
libertinage, et que le crime y règne assez impunément.

Il ne faut donc pas s'étonner si ceux qui vivent
avec peu de religion et de conscience, étant en grand
nombre, trompent les gouverneurs, qui ne peuvent
savoir, des lieux éloignés de la ville, que ce qu'on
leur rapporte ; par conséquent, il se fait des injus-

tices. Ces malintentionnés, ayant appris le succès de la guerre contre les sauvages, et sachant que les Portugais y avaient fait beaucoup d'esclaves, furent bien aise de trouver un prétexte pour en faire autant aux Cariris de Canabrava (c'est le nom du lieu où ils demeuraient).

Ils exagérèrent donc au Gouverneur le tort qu'ils en avaient reçu, sans dire l'occasion qu'ils y avaient donnée, les faisant passer pour des révoltés, qui les assassineraient s'ils ne les prévenaient point. Le Gouverneur, sur leur information, ordonna qu'on leur ferait la guerre. On la leur fit, en effet, avec avantage, parce que les armes n'étaient pas égales, et qu'ils sont faciles à tromper. Après quelques escarmouches, ils se rendirent à composition, et, ayant mis les armes bas sur la parole des Portugais, ceux-ci s'emparèrent de leurs personnes, et les tuèrent de sang-froid, au nombre d'environ cent quatre-vingts hommes de guerre, et prirent leurs femmes et leurs enfants, au nombre d'environ cinq cents, qu'ils firent captifs. Parmi ces infortunés, se trouvèrent au moins dix ou douze Indiens, de l'un et de l'autre sexe, de l'aldée du Père Anastase, dont j'ai parlé ci-dessus page 18 de la première Relation. J'y ajouterai seulement que, ayant prié le commandant, avec toutes les instances possibles et imaginables, de lui rendre ses Indiens, lui prouvant leur innocence, et ne les ayant pu obtenir, le Père Anastase lui dit avec une grande fermeté : « Je m'en vais avec vous devant le Gouverneur, et je me promets, du secours de Dieu, que vous ne ramènerez pas un seul de toute cette troupe d'esclaves prétendus, gardée soigneusement par les Portugais comme leur butin. »

Ils entrent en triomphe dans la ville de la Baye, et se présentent comme victorieux devant le Gouverneur; ils demandent main levée et distribution de leurs esclaves.

Le Père Anastase paraît alors, s'opposant à leurs prétentions, et s'offrant de prouver l'innocence de tous ces pauvres captifs. Les Révérends Pères Jésuites s'intéressent avec lui pour les défendre. Chacun fait son manifeste. On assemble la *Relation* (c'est la cour souveraine) pour examiner le tout; on n'est occupé d'autre chose pendant trois ou quatre jours.

Enfin, les raisons des Révérends Pères Jésuites et, je veux le dire avec vérité, spécialement celles du Révérend Père Anastase, se trouvèrent si fortes, que le Gouverneur et les juges prononcèrent en faveur de la liberté des Indiens, et obligèrent le même commandant à les reconduire dans les aldées voisines de leur nation, administrée par les Révérends Pères Jésuites; c'est-à-dire à Canabrava, à soixante-dix lieues environ de la ville de la Baye. Le Gouverneur fit fournir tout ce qui était nécessaire pour le voyage.

On peut juger la joie de tous ces pauvres Indiens, se voyant en liberté après s'être vus esclaves, et avoir perdu leurs pères et autres parents, qui avaient été massacrés. Le Père Anastase les accompagna seul jusques dans les aldées susdites, et, quelque vigilance qu'il pût apporter, ce mauvais commandant, avec quelques Portugais qui l'accompagnaient, déroba dans le chemin quelques Indiennes. J'ai vu moi-même une partie de ces pauvres Indiens et Indiennes dans les aldées des Révérends Pères

Jésuites, leurs aldées ayant été brûlées, lorsque je fis mon second voyage à la ville de la Baye.

Après cet heureux succès, qui coûta bien du travail au Père Anastase, il retourna à son aldée, amenant avec lui ceux qu'il était allé chercher; mais pendant qu'il était en chemin, j'eus moi aussi bien de la peine de mon côté, sur le fleuve. En voici succinctement l'occasion.

ÉMEUTE SUR LE FLEUVE.

Ces massacres injustes et cruels des Indiens dans les deux occasions dont je viens de parler, contre la foi donnée, et principalement le dernier, qui était de la même nation que ceux des Cariris, donna beaucoup à penser aux nôtres, et leur fit craindre qu'on ne leur en fît autant, quoiqu'ils eussent servi si utilement dans la première guerre, et que plusieurs d'eux eussent mérité et reçu de glorieux éloges pour leur valeur. Je les ais entendus des Portugais, qui avouaient qu'on ne pouvait montrer plus de bravoure qu'ils avaient fait.

Cette crainte, donc, donna de la méfiance aux nôtres. Ils n'osaient plus aller si librement à leur chasse ni à leur pêche, ni dans les maisons des Portugais. Ceux-ci prirent ombrage de ce procédé, et on ne manqua pas de semer de mauvais bruits sur ces imaginations, sans rien me dire. Quelques-uns des plus timides quittèrent leurs maisons pour s'assembler plusieurs en une, afin de se mieux défendre. Enfin, la défiance réciproque augmentant, et les précautions de part et d'autre, en moins de quinze

jours je vis une disposition prochaine à une guerre
ouverte. Les Portugais avaient déjà ménagé pour
leur parti des Indiens belliqueux, nommés Tamma-
chioux, assez proches voisins, leur promettant un
gros butin de la défaite des Cariris; et, comme ils
n'ont pas de jugement, ils leur avaient donné parole.

Informé de tout par les nôtres, qui me dirent qu'il
n'y avait plus de sûreté pour eux, et qu'on les voulait massacrer comme les autres, je me mis aussitôt
en devoir de l'empêcher. Je fus incontinent chez un
capitaine d'ordonnance, Portugais, nommé Emmanuel de Souza, fort honnête homme et mon ami.
Lui ayant dit tout ce qui se passait, dont il avait
déjà assez de connaissance, je le fis résoudre à venir
avec moi, pour apaiser cette émotion, répondant de
mes Indiens. Nous partîmes tous deux, avec un
Indien nommé Tapicourou, dont j'ai parlé, et, à
quatre lieues au-dessus de notre aldée, nous rencontrâmes deux ou trois Portugais armés, avec leurs
nègres, dont l'un était fort mutin et téméraire, et
fort redouté : il avait déjà tué un ou deux hommes.
Il demanda au capitaine Emmanuel de Souza où il
allait, et s'il ne venait pas se joindre aux autres pour
se défendre des Cariris, qui les voulaient tous massacrer. Je pris la parole, et lui dis très honnêtement
qu'il était fort trompé, et qu'il s'alarmait sans sujet,
aussi bien que plusieurs autres.

Il me traita fort incivilement, et avec injures. Je
lui répondis selon que l'injure le méritait; il me présenta le fusil à la poitrine, me menaçant de me tuer.

Je lui répondis que je n'avais point autant de
crainte de mourir que lui de me tuer, et que, si je
n'étais pas ce que j'étais, il n'aurait osé me parler de

la sorte. Pour lors, le capitaine Portugais lui dit :
« Ah! malheureux! as-tu la témérité d'attaquer un
prêtre et un missionnaire qui nous est si cher! » Il
se calma un peu ; mais ce pauvre malheureux ne tarda
pas à être tué lui-même par un autre Portugais qu'il
avait offensé.

Nous continuâmes notre route, de l'un et de l'autre
côté du fleuve, rassurant partout les Portugais jusqu'à quinze ou dix-huit lieues en dessus de notre
aldée. Pour lors, ce capitaine me, dit qu'il était
obligé de retourner à sa maison pour quelque affaire,
croyant tout pacifié, ou que le reste me coûterait
fort peu ; mais, incontinent après son départ, j'appris qu'un certain jeune homme, Portugais, fort
mutin, attisait le feu du soulèvement, et qu'il avait
attiré les Tommachioux à son parti, avec d'autres
Portugais qu'il avait abusés. Il faisait tout cela dans
l'espoir d'avoir des esclaves. Je passai donc le fleuve
pour aller chez lui, avec mon esclave seulement. Je
trouvai dans sa maison environ une douzaine de
Tommachioux, avec qui il formait des projets. Je
l'informai fort amplement du sujet de ma venue,
et de ce que nous avions fait, le capitaine Emmanuel
de Souza et moi. Bref, je n'omis rien de ce qui était
capable de calmer son esprit, et de le désabuser ;
mais il me répondit en téméraire, et en homme qui
ne cherchait que l'occasion de faire des esclaves.
Donc, après avoir inutilement employé tous les
motifs divins et humains pour le rappeler à son
devoir, je laissai la voie de douceur et de prière, et
me servis de menaces avec une telle fermeté, qu'il
en demeura étonné.

J'adressai la parole aux Tommachioux en langue

des Cariris, qu'ils entendaient, et leur dis qu'ils
étaient de pauvres aveugles, et qu'après s'être servi
d'eux pour détruire les autres, on les détruirait aussi,
leur mettant devant les yeux les exemples. Ensuite,
revenant à ce jeune homme portugais, je lui dis d'un
ton fort haut et encore plus résolu : « Vous n'avez
qu'à venir, mon ami, avec vos Tommachioux et ceux
qui voudront vous suivre; nous vous attendons de
pied ferme. Vous n'aurez pas à faire à des Indiens,
pour les tromper, mais à moi et à mes compagnons,
qui en savons pour le moins autant que vous : vous
ne l'ignorez pas. Nous saurons prévoir et prévenir
vos ruses ; elles sont grossières pour nous. Soyez
persuadé que nous ne souffrirons pas qu'on massacre
nos enfants spirituels, ni qu'on les fasse esclaves; je
les vais avertir de vos intentions, et en même temps
Monsieur le Gouverneur de votre procédé. » Je
n'omis rien, enfin, pour lui faire connaître que je ne
le craignais pas.

Ce procédé paraîtra peut-être un peu trop fier
pour un Capucin missionnaire; mais, si on savait le
crédit où notre intrépidité dans des occasions très
périlleuses nous avait mis, le Père Anastase et moi,
auprès des Portugais du fleuve qui en avaient connaissance, et dont quelques-uns avaient été les
témoins oculaires, ils jugèrent ce procédé prudent et
nécessaire. La voie de douceur ne servait de rien
dans cette extrémité.

L'effet le fit connaître, puisque j'abattis la fierté
de ce mutin jusqu'à lui donner de la crainte et le
faire changer entièrement de langage et de résolution. Il ne me parlait, dans la suite, que comme un
homme qui craignait, et je lui parlais avec autorité.

Je l'engageai, aussi bien que tous les autres, à se trouver à la chapelle du Pambou, le jour que je marquai, pour développer tout ce mystère. Tous se trouvèrent au jour fixé, de vingt lieues à la ronde, par le moyen de billets qu'on envoya par des nègres. Étant tous assemblés au Pambou, je leur représentai fortement le péril où ils s'étaient exposés à l'aveugle, et pour l'âme et pour le corps, sans m'informer de ce qui se passait. J'ajoutai que, après tant de preuves de mon affection et de celle de tous les missionnaires, ils devaient être persuadés que nous étions avec les Indiens pour en faire de bons chrétiens et de fidèles sujets du roi de Portugal, et non pas pour nous joindre à ceux qui voulaient leur faire la guerre.

Je m'étendis fort là-dessus, et sur les services rendus, et leur dis tout ce qui était capable de leur donner une entière confiance en nous. Ils m'écoutèrent avec plaisir, et reconnurent de bonne foi qu'ils avaient eu tort. Ensuite je leur dis qu'il fallait connaître l'auteur de ces mauvais bruits, et que je le découvrirais facilement s'ils voulaient me laisser faire. Ils y consentirent.

Aussitôt, les ayant fait ranger, les Portugais d'un côté et les nègres d'un autre, je m'adressai au premier, et lui demandai : « Monsieur, qui vous a dit que les Cariris se voulaient soulever? » Il accuse aussitôt son auteur, et celui-là, interrogé, découvre l'autre; le second découvre le troisième, et ainsi des autres. Je ne passai pas le nombre de neuf ou dix, que je n'eusse trouvé le premier auteur de ce faux bruit. C'était un petit Portugais, d'environ quinze ans, qui m'avait servi, et que j'avais chassé pour quelque friponnerie, il y avait six mois. Interrogé

pourquoi il avait dit cela, il répondit que la crainte
le lui avait fait dire, parce que, entendant les uns
et les autres dire que les Cariris n'étaient plus
aussi familiers avec eux comme devant, il s'imagina
qu'ils se voulaient révolter et massacrer les Portugais. Je lui fis la correction comme il la méritait.

Je tirai un grand avantage de cette découverte
pour faire voir aux Portugais le malheur où leur
crédulité imprudente les aurait jetés sans ma diligence. Ils reconnurent leur faute, et me remercièrent beaucoup : je chantai la messe solennellement, en action de grâces à Dieu. Ils me firent une
aumône d'environ vingt écus par reconnaissance, et
promirent de me consulter toujours s'il arrivait quelque cas semblable.

NOUVEAUX TRAVAUX.

Il semblait qu'après cela nous dussions vivre dans
une grande paix avec les Portugais; mais l'intérêt
de deux personnes fit naître bientôt un sujet de
grande persécution contre nous. Le voici :

Le colonel Dias Davila, sous prétexte que le roi
de Portugal lui avait donné toutes les terres dévo-
lues du fleuve de Saint-François, afin de les peupler
de bétail, pour le service des villes de la Baye et de
Pernambouc, se voulait emparer, et s'empara en
effet de ce que le roi exceptait formellement dans les
provisions qu'il lui avait fait délivrer. En sorte qu'il
mettait du bétail non seulement de l'un et de l'autre
côté du fleuve, terre ferme; mais il mettait aussi des
chevaux dans les îles où les Indiens s'étaient retirés,

lui cédant tout le reste pour vivre en paix. Il y en avait dans l'île du Pambou plus de cent cinquante, dans celle d'Ouracappa bien soixante; et, comme il survint une très grande sécheresse, ces chevaux, déjà très incommodes aux Indiens en les obligeant à fermer leurs labourages, étant pressés de faim, forcèrent les meilleures clôtures, et dévorèrent tout.

J'en donnai avis à Francisco Dias Davila, et le priai, par tous les moyens capables d'attendrir un cœur, de retirer ses chevaux, parce qu'ils réduisaient nos Indiens à mourir de faim. Il vint sur les lieux pour entendre la messe, un dimanche, et, après que je lui eus exposé le tout de vive voix, il me répondit que ce que je lui demandais ne l'accommodait pas, et qu'il n'en ferait rien. Pour lors, changeant de ton, je lui dis avec beaucoup de fermeté : « Quoi, Monsieur! n'avez-vous donc pour loi que ce qui vous accommode ou incommode? Il n'accommode pas aussi à ces pauvres Indiens que ces chevaux soient ici. » Et, m'animant de zèle pour la défense de la justice, je lui dis : « Monsieur, vous avez un si petit corps (il était en effet fort petit); il vous faut si peu de drap pour vous vêtir, et si peu de chose pour vous nourrir, et vous n'êtes pas content de cinquante mille livres de rente? Vous usurpez le peu qui reste aux Indiens de toutes ces terres qui sont à eux par le droit des gens! Ils y sont nés, et vous voulez qu'ils y meurent de faim pour contenter votre ambition! C'est contre toutes les lois divines et humaines. Le roi de Portugal ne vous a jamais donné ni pu vous donner ce qui est nécessaire aux Indiens pour vivre. Les pauvres Indiens n'ont ni mains ni langue pour se défendre; ils attendent tout de moi. Je les soutiendrai, et ne souffrirai point cette vexation, qui va notablement au préjudice de ma mission ; et, ce qui m'est le plus sensible, c'est que ces chevaux ne sont pas à vous. Ils appartiennent à Jean Alurez Fontez, et vous lui faites présent du bien d'autrui. Vous aimez mieux le faire riche aux dépens de ces Indiens nouvellement convertis, que de les laisser vivre dans leur propre pays après qu'ils ont rendu, à vous et à l'État, un service signalé, il y a si peu de temps (je parlais de la guerre où ils avaient été). Vous m'obligerez, Monsieur, contre ma volonté, à me plaindre au gouverneur de votre procédé. »

Enfin, je n'omis rien, dans cette occasion, pour lui faire comprendre son devoir et ma résolution, dont il demeura assez surpris.

De là à peu de jours, il partit pour la ville de la Baye, où, ingrat du service que je lui avais rendu avec nos Indiens, il m'accusa auprès du nouveau gouverneur, me chargeant de toutes les calomnies qu'il voulut, et me faisant passer pour un séditieux et un homme dont l'État se devait méfier. Le gouverneur était un homme droit, et résolu, très attaché au service de son prince, et il avait l'esprit fort pénétrant. Francisco Dias ne se contenta pas de m'avoir calomnié auprès de ce seigneur, qui s'appelait Roch de Costa ; il me décria auprès de tout ce qu'il y avait de personnes considérables dans la ville, et, comme il était le plus riche du Brésil et le mieux apparenté, il souleva tous les esprits contre moi fort facilement. On me regarda comme un ennemi plutôt que comme un missionnaire, vu que je m'opposais au bien de l'Etat et aux ordres, que le roi avait donnés, de peupler les terres du fleuve pour la subsistance des villes de la Baye et de Pernambouc. C'est ainsi que Diaz le faisait entendre. Il disait, de plus, que j'avais un si grand crédit sur les Indiens, qu'on pouvait craindre que je ne m'en servisse dans quelque occasion contre l'État lui-même.

Il en eût fallu moins pour me faire autant d'ennemis qu'il y avait d'habitants dans la ville de la Baye, dont les plus considérables avaient aussi du bétail sur les terres des Indiens. Ainsi, comme intéressés, ils se bandèrent tous contre moi, et se joignirent pour me mettre très mal dans l'esprit du gouverneur, lui faisant entendre que j'étais un homme fort entreprenant et résolu.

Je ne savais rien de tout ce qui se passait. Il était donc facile à Francisco Diaz de gagner sa cause et de me faire condamner, n'ayant personne qui parlât pour moi; car il n'y avait encore point de Capucins à la Baye.

Quoique la nécessité des Indiens fût très grande, je voulus néanmoins prendre les voies les plus douces pour la soulager, afin d'éviter le blâme et de ne pas exposer nos Indiens à quelque péril. Je me donnai l'honneur d'écrire au Gouverneur, lui représentant naïvement l'injustice de Francisco Dias Davila à l'égard des Indiens, l'impossibilité où il les mettait de vivre ensemble, par conséquent celle où j'allais me trouver de continuer ma mission parmi eux, et la juste plainte de ces infortunés. Je n'omis rien pour soutenir leurs intérêts et la justice de ma requête, le suppliant d'ordonner qu'on ôtât les chevaux de l'île d'Ouracappa.

Le Gouverneur ne me fit point de réponse.

Je lui écrivis une seconde lettre plus pressante,

faisant mention de la première, le suppliant de secourir les oppressés. Il n'y répondit pas encore, parce que ces Messieurs, qu'il appelait à chaque fois, me mettaient dans le blâme, et lui persuadaient que tout ce que je disais était faux ou très exagéré.

Je lui en écrivis une troisième, et l'acheminai par deux Indiens que j'envoyai exprès, et qui la lui mirent entre les mains selon mon ordre. Je lui marquais, en termes fort pressants, qu'on réduisait les Indiens au désespoir, et moi à la nécessité d'abandonner la mission, avec un grand préjudice du salut de ces pauvres âmes, et même du service de l'État.

Les Indiens restèrent huit jours à la Baye, attendant la réponse, et furent trois fois la chercher au Palais. A la dernière, on leur dit qu'il n'y avait point de réponse à faire. On pensait que j'allais tout quitter, ces Messieurs ayant persuadé au Gouverneur que c'était là le moyen le plus propre pour m'y obliger.

Les Indiens retournèrent, à sept semaines de là, sans réponse, ayant fait dans ce voyage au moins trois cents lieues. Nous demeurâmes tous étonnés d'un tel procédé, et je me résolus, avec le consentement du Père Anastase et du Père Joseph, d'y aller en personne, pour savoir la cause de ce silence, et pour conclure définitivement ce que nous avions à faire dans cette extrémité. Tout ceci et tout ce qui suit mérite bien de la réflexion.

Cependant, la sécheresse augmentait; la faim pressait nos Indiens, et, les voyant dans la dernière disette et obligés de courir dans les bois pour chercher leur vie, avec un préjudice notable du bien de leurs âmes par l'effet de leurs longues absences, je

me résolus à leur dire qu'ils se servissent du droit
naturel, et, puisqu'on ne leur faisait pas justice par
la voie de la supplique, qu'ils missent eux-mêmes les
chevaux hors de leur île, puisqu'ils les faisaient mourir de faim. Je pris cette dernière résolution à la vue
d'un dommage considérable que reçut dans la nuit
précédente un pauvre Indien chargé d'enfants. Le
soir, il avait encore son champ de millet, de pois et
de cassave, fruit de ses soins extraordinaires et de
sa vigilance : je crois que c'était le seul qui eût
échappé aux dents de ces chevaux. Le lendemain, il
se trouva entièrement ravagé. J'allai le voir, et en
fus si touché, aussi bien que lui, que je me résolus
de ne plus temporiser. Je leur donnai moyen de
mettre les chevaux dehors par une estrade que je
fis faire, qui leur coûta quatre jours de travail, et à
moi leur nourriture et mes soins, car il faut supposer
que ces chevaux n'étaient ni domestiques ni domptés.
Les femmes et les enfants y travaillèrent, et on peut
dire que ce fut comme une chasse au cerf. En passant le fleuve à plusieurs reprises il s'en noya quatre,
et ensuite la plupart moururent de faim par la sécheresse, qui tua partout beaucoup de bétail. Je pensai
bien que cela aigrirait Francisco Diaz Davila, et le
ferait crier bien haut aux oreilles du Gouverneur,
avec tous les autres intéressés ; c'est pourquoi je
résolus de partir sans délai, nonobstant la rigueur
de la saison et le péril où elle me mettait.

SECOND VOYAGE A LA BAYE, ET SON SUJET.

Je partis donc avec deux braves Indiens, courageux et confidents. Le travail fut extraordinaire, la provision n'étant que de viande sèche, avec de la cassave, pour environ un mois, et l'eau que nous trouverions par les chemins. Elle nous manqua bien des fois, pour nous et nos deux chevaux de voiture, qui, dans trois jours, pendant le voyage, ne trouvaient pas de quoi faire un bon repas.

Enfin, nous arrivâmes à la ville de la Baye un samedi, bien fatigués. C'était la veille d'une grande cérémonie qui se devait faire à la cathédrale, à l'occasion du mariage de l'Infante de Portugal avec le Duc de Savoie. On le croyait déjà conclu, et même entièrement accompli, parce que la frégate d'avis, dépêchée de Portugal pour en porter la nouvelle au Brésil, donnait aussi celle du départ de la flotte, au nombre de douze navires de guerre, pour aller chercher le Duc de Savoie à Villefranche, où il devait s'embarquer.

J'assistai à cette cérémonie, où on prononça un éloge magnifique à l'honneur des deux contractants et de leurs États. Ce fut à l'issue des Vêpres, et le concours fut grand. J'entrai dans le chœur, et on me fit l'honneur de me donner une place vis-à-vis de Monsieur le Gouverneur, parce qu'on me reconnut : j'avais paru dans la même cathédrale à l'occasion de mon jeune Hollandais, lorsque je lui donnai publiquement et solennellement l'absolution de son hérésie, et j'y avais prêché en français, comme j'ai dit ci-dessus. Ayant aperçu Monsieur le Gouverneur, je lui

fis une profonde révérence ; il eut la bonté de me la
rendre, et il connût aussitôt, à mon habit, que j'étais
celui dont on lui avait parlé. Il y a même apparence
qu'on l'avait déjà informé de mon arrivée.

ASSISTANCE DES PP. JÉSUITES CONTRE LES INTRIGUES
DE DIAZ DAVILA.

Après la cérémonie, qui fut magnifique en tout,
j'allai au collège des Pères Jésuites, et, ayant appris
que le Révérend Père Provincial y était, je pris la
liberté de le demander. C'était un homme sans doute
digne de sa charge ; il me reçut avec une honnêteté
et une affabilité qui me donnèrent confiance de lui
exposer le sujet de ma venue. Il m'écouta avec beaucoup de bonté ; il goûta mes raisons, et me dit que
mon procédé était juste, et qu'il était déjà informé
des plaintes qu'on faisait contre moi, qu'elles avaient
fait beaucoup de bruit dans la ville, et que j'allais
trouver de grandes oppositions à mon juste dessein,
le Gouverneur étant fort prévenu à mon désavantage,
et même toute la ville, parce qu'on avait fait entendre les choses tout autrement que je les disais. Il
ajouta que Francisco Diaz Davila et son oncle
Antonio Pereira, qui était un prêtre, les avaient fort
persécutés dans leurs missions, jusqu'à leur brûler
deux églises et deux maisons ; que cette affaire avait
été portée à la Cour de Portugal, et que néanmoins
ils avaient été obligés de céder, parce qu'on avait
trompé la Cour.

Je lui répondis : « Mon Révérend Père, c'est
l'affaire de Dieu, et non pas la mienne. Je mets en

lui toute ma confiance ; je ferai, comme homme, ce que je pourrai ; il fera le reste, s'il lui plaît. Je me serais fait un reproche éternel, si j'avais abandonné sa cause à la vue du travail. Je suis toujours sûr que je ne perdrai point mes pas, que je réussisse ou non. Je vous prie seulement, pour l'intérêt que vous prenez à la gloire de Dieu, de voir Monsieur le Gouverneur, et de lui dire que je le prie humblement d'avoir la bonté de me donner audience ; je ne lui demande pas davantage pour le moment. »

Le Révérend Père Provincial m'accorda cette grâce, et, le lendemain, il fut trouver Monsieur le Gouverneur. Il l'informa de ma venue et de ce que je souhaitais de lui. « Je l'ai fort bien remarqué à la cathédrale. dit le Gouverneur, vous lui pouvez dire qu'il vienne librement ; je l'entendrai volontiers. » Je retournai au Révérend Père Provincial pour savoir la réponse de Monsieur le Gouverneur. L'ayant sue, je me proposai d'aller le lendemain au Palais.

AUDIENCE DU GOUVERNEUR.

Le Révérend Père Provincial eut la bonté de m'avertir que Monsieur le Gouverneur était un homme droit, d'un esprit fort pénétrant, mais fort prompt aussi ; qu'il importait de ne lui dire que le nécessaire, pour ne pas le lasser.

Après avoir reçu ce charitable avis, avoir remer-cié le Révérend Père, et m'être recommandé aux prières de sa grande communauté (car il y avait cent trente-trois religieux, tant profès que novices, dans ce collège), je retournai au monastère de Saint-

Benoit, où j'étais logé. Un père italien venu d'Angola, Capucin missionnaire, qui s'y trouvait, m'avait obtenu cette grâce du Révérend Père Abbé, si tôt qu'il avait su mon arrivée. Ce nous fut une consolation réciproque d'être ensemble. Il m'informa de ce qu'il avait entendu contre moi dans les conversations ; je tâchai de le satisfaire sur tout.

Le lendemain matin, après avoir dit la messe et recommandé à Dieu le succès de mon affaire, je le priai de m'accompagner au Palais. Il me refusa, s'excusant sur la peine qu'il aurait de me voir rebuté, et sur plusieurs autres raisons. Mais enfin il se rendit à mes instantes prières, quand je lui eus représenté que je serais bien aise d'avoir un témoin de ce qui se passerait.

Je me rendis au lever du Gouverneur, sur les huit heures, et j'eus le premier l'honneur de lui parler. Il me reçut fort civilement, et sortit même au-devant de moi jusqu'à la salle d'entrée. Les Portugais ont beaucoup de respect pour les Religieux, et encore plus pour les missionnaires ; car, quoiqu'on lui eût dit bien des choses contre moi, personne ne m'avait attaqué sur les mœurs ; au contraire, s'en étant lui-même informé, on avait eu assez de bonté pour lui parler à mon avantage.

Entré dans le lieu où il donnait audience seulement aux personnes de distinction, il eut tant de civilité, qu'il me donna la place d'honneur, et s'assit dans un fauteuil, et mon compagnon dans un autre siège, auprès de moi. Après une profonde révérence, je lui dis, sans autre compliment : – Monseigneur, je suis Frère Martin, qui me suis donné l'honneur de vous écrire trois fois, sans que Votre Seigneurie m'ait

honoré d'un mot de réponse. Cela m'a obligé de
venir la Lui demander en personne, s'il Lui plaît. Il
me répliqua aussitôt : « Il est vrai que je ne vous ai
pas répondu, » pour telles et telles raisons, qu'il me
donna avec beaucoup de vivacité, me mettant dans
le blâme, et, à la dernière, il ajouta que je n'y saurais répondre.

Toutes ces objections, que j'écoutais sans l'inter-
rompre sur la moindre chose, ne m'étonnèrent point ;
mais je remarquai que mon compagnon devint blême,
me croyant accablé sous l'autorité d'un gouverneur,
et sous le poids de ses raisons, qui lui parurent sans
réplique.

Quand il eut fini son discours, je lui demandai
respectueusement la permission de lui répondre, lui
promettant de lui faire voir la vérité si clairement,
qu'il ne lui resterait pas une seule ombre de doute
sur tout ce qu'il m'avait objecté. Il est vrai que,
dans cette occasion, j'éprouvai la vérité de ces paroles de Notre-Seigneur Jésus-Christ à ses apôtres :
*Cum fueritis ante Reges et Præsides, nolite cogitare
quomodo ant quid loquamini ; dabitur enim vobis in
illa hora quid loquamini, etc....* Je n'ai jamais eu
une aussi grande présence d'esprit, ni senti tant de
courage pour défendre la vérité. Bien loin, en effet,
d'être saisi de crainte, ou de me trouver accablé sous
l'autorité de ce seigneur, j'éprouvais une joie intérieure de me voir exposé à ce combat, et une très
grande confiance dans le secours infaillible de Dieu.

Je commençai donc à répondre, pour la première
objection, qu'il croyait sans réplique parce qu'il était
mal informé. Je la détruisis facilement par la vérité,
que je lui fis sentir en sorte qu'il ne pût lui-même y

répliquer. J'étais étonné de ce que je disais, et de ma facilité à m'expliquer, et dans des termes si forts et si succints, sur des choses que je n'avais point prévues. J'aperçus bien qu'il en fut lui-même étonné, ne pouvant rien me répliquer que je ne détruisisse en même temps, mais toujours avec des termes fort respectueux.

Enfin, toutes ces objections résolues, je pris la liberté de lui parler au sujet d'un petit Indien de douze ans. J'avais retiré cet enfant, moyennant la somme de cent francs, des mains d'un Portugais qui le tenait esclave : le Gouverneur me blâmait de l'avoir acheté en cette qualité. « Monseigneur, lui dis-je, j'ai retiré cet Indien par affection (il était de ceux qui furent pris dans la première guerre où je me trouvai, et parce qu'il était bien fait et avait de l'esprit. Je lui ai rendu des services, au lieu de lui faire du tort. Je l'ai tenu avec moi, non comme un esclave, mais comme un enfant chez son père, et je n'ai eu d'autre dessein que de lui faire tout le bien que je pouvais. Je ne suis, néanmoins, pas obligé de le mettre dans une meilleure condition que celle où je l'ai trouvé. Je ne mérite donc pas de blâme pour l'avoir acheté comme un esclave ; ce n'est pas moi qui ai fait tort, et j'ai déclaré formellement, par un écrit que je sais que Votre Seigneurie a vu, que si on donnait sentence en faveur de ceux qui avaient été pris avec lui, je voulais qu'il fût libre. Les casuistes les plus libéraux ne sauraient me condamner, dans ce cas, d'un péché véniel. Au contraire, j'ai fait une œuvre de charité, le mettant à son aise, le tirant de la misère. Mais, Monseigneur, permettez-moi de vous dire ma surprise de ce que, marquant tant de zèle pour la liberté de cet Indien, vous en laissez cinq cents de la même nation esclaves sous vos yeux, dans cette ville, pris dans la même occasion. »

Cette réplique le troubla, et, pour discoulpe, il me dit que, si je voulais, il allait incontinent me donner un ordre pour les retirer tous des mains de ceux qui les possédaient : « Monseigneur, lui dis-je, vous le pouvez faire quand il vous plaira, il ne manque pas ici des personnes de zèle et de crédit pour exécuter vos ordres. Je suis venu ici pour ma mission seulement; je ne ferais que multiplier mes ennemis. si je me chargeais de cette exécution, et je m'attirerais sur les bras bien des affaires. »

Il en demeura là; mais, voulant justifier son procédé à mon égard, après avoir été convaincu de la fausseté des accusations qu'on avait faites contre moi, il me dit que, dans un lettre, je lui avais donné pour témoins des personnes qui l'avaient assuré du contraire de ce que je lui écrivais. Je lui répondis que je savais fort bien que ceux que je lui donnais pour témoins de ma vérité, m'étaient opposés, comme intéressés, mais que, d'ailleurs, étant des personnes qui se piquaient d'honneur, et qui passaient pour bons chrétiens, je n'avais pu me persuader que, pour un petit intérêt, ils voulussent trahir leur conscience en chose de si grande conséquence, où il y allait de la gloire de Dieu, du salut des âmes, et même du service de leur prince; et que mon procédé faisait voir ma sincérité et la surabondance de ma justice.

Enfin, il demeura persuadé de la vérité; mais il m'objecta encore qu'il y avait de la contradiction dans mes lettres, parce que je lui dis qu'elles étaient claires et sincères. Je lui répondis fort respectueusement : « Monseigneur, je crois que vous n'aurez pas déchiré mes lettres. Ayez la bonté de me convaincre par elles de la contradiction que vous y avez trouvée, parce que la vérité est toujours la même ; elle ne souffre pas de contradiction. — Il est vrai, me dit-il, que je les ai gardées ; mais où irai-je les prendre à présent? » Je lui répondis avec bien du respect, mais avec une égale fermeté : « Monseigneur, j'ai étudié en philosophie et en théologie, je sais encore mieux écrire que parler, parce que j'ai plus de temps à y faire réflexion. Ainsi, je prie Votre Seigneurie de ne pas trouver mauvais que je Lui dise avec un respect plein de sincérité, que je ne me peux convaincre d'avoir écrit des contradictions, si je ne les vois. »

J'avoue que cette réponse fut hardie ; mais la vérité veut être soutenue hardiment quand on l'opprime, et on peut parler avec résolution quand on est sûr de son droit, et qu'on voit celui qui le combat, déjà désarmé par l'évidence de la vérité. C'est ce qui arriva dans cette occasion, où, par le secours de Dieu, je convainquis tellement Monsieur le Gouverneur, qu'il me dit qu'on l'avait trompé, et qu'il approuvait mon procédé ; que, si on remettait les chevaux dans l'île, où qu'on fît aucune peine, à moi ou aux Indiens, je n'avais qu'à lui écrire, qu'on n'y retournerait pas une seconde fois, et que je pouvais m'en aller en paix. « Monseigneur, lui dis-je, j'ai besoin de repos après un voyage si pénible et si long. — Je ne vous congédie pas, me répondit-il ; mais je veux vous dire que votre affaire ne vous arrête plus ici. Je serai désormais informé ; on ne me trompe pas deux fois. — Monseigneur, permettez-moi de vous dire que, sans un ordre écrit de Votre Seigneurie à tous les habitants du fleuve, mon voyage aura peu d'effet sur les lieux. »

Aussitôt, il appelle le secrétaire, et lui ordonne de venir me trouver l'après-midi au monastère de Saint-Benoît, pour prendre de moi l'instruction de tout ce que je demandais. Et, en me disant adieu, il ajouta : « Dès demain, l'ordre sera expédié. » Je lui fis une profonde révérence, et pris congé de lui.

De crainte de le lasser, sans néanmoins le prévenir de mon dessein, je remis à une autre fois de lui faire voir les ordres de ses prédécesseurs, et quelques lettres de ceux qui m'avaient accusé, qui détruisaient directement leurs accusations.

Mon compagnon fut fort surpris du succès de cette audience, qu'il avait tant redoutée. Il eut bien de la joie d'y avoir été présent. Il ne faut véritablement que mettre sa confiance en Dieu, quand on travaille pour sa gloire ; il ne manque jamais au besoin.

J'allai incontinent donner part au Révérend Père Provincial des Jésuites et au Révérend Père Recteur, du succès de l'audience qu'ils m'avaient procurée. Ils m'en marquèrent autant de joie que j'en éprouvais moi-même, et reconnurent aussi bien que moi que Dieu y avait mis la main. J'eus ensuite de grandes conférences avec eux sur les missions. Je leur fis un détail de la manière dont je me comportais avec les Indiens ; ils l'approuvèrent, et me donnèrent bien des marques d'estime et d'affection.

Pendant mon séjour à la ville de la Baye, qui fut d'environ un mois ou plus, je vis les ecclésiastiques, les religieux et les séculiers les plus considérables, les parents même de Francisco Diaz, quoique mal

prévenus contre moi. Je leur laissais d'abord déclarer
leur ressentiment, et entendais paisiblement tout le
blâme qu'ils me voulaient donner, sans les inter-
rompre. Ensuite, au lieu de me plaindre d'eux, je
leur disais agréablement que je les trouvais fort
modérés à mon égard, après les informations qu'on
leur avait données de moi; que c'était beaucoup
qu'ils souffrissent que j'eusse seulement l'honneur
de leur rendre mes respects; que néanmoins, s'ils
l'avaient agréable, je leur ferais voir de la manière
la plus sensible la fausseté des accusations dont on
m'avait noirci. Je tirais facilement leur consentement, et pour lors je faisais un détail clair et succinct de mon procédé, sans marquer de passion ni
de ressentiment contre tous mes accusateurs; au
contraire, j'excusais leur persécution sur l'erreur de
leurs sentiments. Je leur exposais enfin la vérité
d'une manière si sensible, et la sincérité de nos
intentions, et le fruit de nos travaux dans la mission, que les plus acharnés contre moi changèrent
de sentiments, approuvèrent mon procédé, et blâ-
mèrent Francisco Diaz, quoique leur parent, de
l'injustice qu'il m'avait faite : en sorte que j'en fis
des amis et des bienfaiteurs. Il y en eut deux qui me
firent des aumônes pour notre mission.

AUTRE AUDIENCE.

Au bout de huit jours, je retournai au Palais, sous
prétexte de prendre l'ordre du Seigneur Gouverneur,
et de le remercier de cette faveur, mais, plus à dessein de lui faire voir les ordres de ses prédécesseurs

,et les lettres de mes parties adverses, que j'avais
apportées, et pour l'entretenir encore quelque temps
sur nos missions. Sitôt que je fus entré, il me mit
en main l'ordre, dans la même forme que je l'avais
demandé, et me promit sa faveur pour le futur.
Après un humble remercîment, je lui dis : « Monseigneur, nous voilà, par votre bonté, en assurance
pendant que vous resterez ici; mais vous ne serez
pas plus tôt embarqué pour le Portugal, que la persécution recommencera. — Cela ne peut être, mon
Père, me dit-il avec émotion; on ne transgresse pas
ainsi les ordres d'un Gouverneur. — Monseigneur,
j'ai ici avec moi les ordres de deux de vos prédécesseurs, qui ne nous ont servi que pendant le temps
qu'ils ont été au Brésil. » Et en même temps je les
lui présentai. Il me fit entrer pour lors plus avant,
et asseoir auprès de lui. Il les lut, et, en frappant de
la main sur son genou, il dit : « Voilà des gens bien
téméraires. Ils ne sont pas chrétiens! — L'intérêt
aveugle, et fait oublier Dieu, Monseigneur, » lui
dis-je. Et, lui présentant quelques lettres, je lui dis
encore : « Voilà, Monseigneur, des lettres de ceux
qui m'ont accusé, qui détruisent toutes leurs accusations. » Il les lut, et aussitôt il dit : « Ah! malheureux! Ces gens-là n'ont donc point d'âme! —
Vous voyez, Monseigneur, à quoi sont exposés les
pauvres missionnaires, en servant Dieu et le prochain; mais il ne faut pas s'en étonner. Le démon
ne peut souffrir en patience qu'on lui ravisse les
âmes qu'il tenait captives; il fait la guerre à ceux
qui la lui font, et trouve toujours assez de suppôts
pour l'aider. Jésus-Christ lui-même a été persécuté,
et nous a donné l'exemple. »

Le voyant touché de sentiments fort chrétiens sur ce que je lui disais, j'ajoutai que, un jour où je voulais empêcher un soulèvement sur le fleuve, un Portugais m'avait présenté le fusil à la poitrine. Je ne le lui nommai pas; il conçut que c'était Francisco Diaz, sans m'en rien dire, et sans que je m'en aperçusse, parce qu'il connut clairement qu'il était l'auteur, ou la cause, de toute cette persécution; cependant ce ne fut ni de lui ni par son ordre que me vint cet outrage.

Enfin, après une assez longue conversation, je pris la liberté de lui dire : « Monseigneur, vous m'avez fait faire un grand voyage et bien de la dépense. C'est autant d'ôté à ces pauvres Indiens, qui en auraient profité; car, pour moi, je n'en serais pas plus riche, ni ne le veux être. Je prie Votre Seigneurie de me faire donner quelque chose des deniers du Roi pour remplacer cette dépense et celle de mon retour. » Il me répliqua qu'il ne pouvait me donner des deniers du Roi, mais qu'il me donnerait du sien. Je lui représentai qu'au quatrième chapitre du Gouvernement du Brésil, il y avait un ordre du Roi d'aider les missionnaires, et que j'y avais eu recours dans deux occasions, où on m'avait donné ce que j'avais demandé. Il me dit que cela avait été réformé depuis deux ans. Je pris congé de lui avec un humble remercîment, emportant avec moi son ordre, qu'il me présenta.

Je ne pensais plus qu'à mon retour, lorsqu'on me vint apporter cet avis : Le colonel Diaz Davila, qui pour lors était à sa maison de la Torre, à douze lieues de la Baye, informé par son agent de mon arrivée et de l'ordre que j'avais obtenu du Gouver-

neur, en était parti incontinent plein de chagrin.
afin de venir le trouver, et tâcher de lui faire révoquer son ordre. Il fut très mal reçu, et le Gouverneur lui fit une correction très sévère, le traitant
d'ennemi de la mission, et lui reprochant d'abuser
des faveurs du Roi, tout en agissant contre son intention. Mais ce qui le pénétra davantage, fut le
reproche qu'il avait même attenté à ma vie. Le
colonel se récria fortement sur ce point, et fit de
grands serments du contraire, et il disait vrai.
Mais, comme j'ai dit, Monseigneur le Gouverneur
s'était mépris.

Francisco Diaz Davila retourna du Palais bien
mortifié d'une telle réception, qu'il n'attendait pas.
Il m'envoya son agent, qui demeurait toujours à sa
maison de la ville : c'était un capitaine d'ordonnance.
Il me fit sa plainte de ce que je l'avais accusé d'avoir
attenté à ma vie. Je lui répondis que je ne l'avais
point fait, ni eu intention de le faire, mais qu'infailliblement Monseigneur le Gouverneur n'avait pas bien
compris le cas que je lui avais rapporté, et je promis que je l'informerais incessamment de la vérité.

MAUVAISE FOI DU COLONEL DIAZ DAVILA.

Cependant, le colonel Francisco Diaz Davila
trouva moyen d'avoir une autre audience, plus favorable, du Seigneur Gouverneur. Il lui montra une
lettre de ma main, où je lui demandais, pour les
Indiens, les chevaux qui étaient dans l'île d'Ouracappa, aux mêmes conditions de profit qu'il donnait
aux Portugais, qui n'avaient rien dans l'île. De

cette lettre, il tirait cette conclusion : Il n'est donc pas vrai que les Indiens ne peuvent pas vivre dans l'île s'il y a des chevaux, puisqu'il les demande lui-même à partie pour les Indiens. La conclusion paraissait bonne, s'il n'y avait eu des circonstances qui l'infirmaient, et qu'il sut bien cacher ; car je ne lui demandais ces chevaux à partie, qu'après lui avoir fait mille instances pour les faire sortir. Ne voulant donc pas rompre avec lui, crainte des choses fâcheuses que je prévoyais dans la suite, je lui proposais ce dernier accommodement, afin de dédommager en partie les Indiens du tort qu'ils souffraient, ne pouvant obtenir davantage : comme on cède le manteau à celui qui veut avoir l'habit et le manteau.

Lors donc que je pus parler à Monsieur le Gouverneur pour justifier Francisco Diaz de l'attentat supposé, il me dit :   Voilà qui est bien ; mais vous m'avez trompé en me disant que les Indiens ne pouvaient vivre dans l'île avec les chevaux. Francisco Diaz Davila m'a fait voir une lettre de votre main, où vous lui demandez les chevaux, à partie, pour les Indiens; ils peuvent donc vivre ensemble. » Je voulus m'expliquer, mais il ne voulut pas m'entendre, et me congédia brusquement en disant : « Je n'aime point qu'on me trompe. - Je me retirai en disant : « Monseigneur, je ne vous ai point trompé ; je ne vous ai demandé que la justice, et non point une faveur. » Il se retira, et moi aussi, très troublé.

Le lieutenant de la place était présent. C'était un homme fort sage ; il me suivit, et, m'accompagnant dans la grande salle, il me consolait sur le rebut, que je venais de recevoir. Le Gouverneur s'en aperçut, et le rappela d'un ton sévère. Je crus tout perdu, et m'en retournai au monastère de Saint-Benoit, fort triste et affligé. Néanmoins, je mis aussitôt mes raisons par écrit, en syllogismes très courte et très clairs, qui tous visaient à faire voir au Gouverneur que le colonel Francisco Diaz Davila en usait mal de se servir de ma lettre pour le tromper, en lui déclarant pas que je ne la lui avais écrite qu'après mille instances d'ôter les chevaux de l'ile d'Ouracappa, prenant cette dernière voie pour ne pas rompre avec lui, quoiqu'elle fût toujours fort désavantageuse aux Indiens; mais il valait mieux perdre une partie que de perdre le tout, ce qui était même exprimé dans cette lettre. Il n'avait montré que ce qui le servait, cachant le reste. Je disais, enfin, que par là je prétendais montrer qu'il n'y avait aucune voie que je n'eusse tentée pour vivre en paix avec lui.

Je fus incontinent trouver le Révérend Père Provincial des Jésuites, et lui donnai la triste nouvelle de ma disgrâce. Il en parut fort touché. Je lui exposai le fait, et je lui présentai mes réponses par écrit; il les approuva toutes, et me dit qu'elles étaient très claires, très précises et très solides, mais que le Gouverneur, ayant donné dans un sens contraire, il serait bien difficile de l'en faire revenir, parce que c'était une espèce de confusion pour lui. Je le compris aussi, d'autant plus qu'il avait été obligé de reconnaitre, par l'ordre qu'il m'avait donné, qu'il s'était laissé tromper par mes ennemis, et qu'il m'avait mal traité sans raison. Croyant donc qu'il voulait rétracter l'ordre qu'il m'avait donné, je priai instamment le Révérend Père Provincial des Jésuites de l'aller trouver encore une fois, pour lui faire entendre mes raisons, puisqu'il n'avait pas voulu les entendre de ma bouche, et lui déclarer, en cas qu'il voulût rétracter son ordre, que j'étais absolument résolu de m'embarquer sur la flotte qui était prête à partir pour le Portugal, pour m'aller plaindre à la Cour; et je l'eusse fait infailliblement.

Le Révérend Père Provincial des Jésuites accepta avec peine ma commission; il alla le trouver, et le ménagea avec beaucoup de prudence pour lui faire entendre mes raisons. Il me dit qu'il fut près de trois heures avec lui avant de le pouvoir persuader, et qu'enfin il lui dit que j'avais cru qu'il voulait révoquer son ordre, et que c'était le sujet pourquoi je l'avais prié de le venir trouver pour savoir sa volonté. « Non, répondit le Gouverneur, je n'ai point eu l'intention de révoquer l'ordre que je lui ai donné; qu'il s'en retourne en paix, et, si quelqu'un l'inquiète, qu'il m'en donne avis, j'y apporterai le remède. » Cette réponse me consola, et, mettant ordre à toutes mes affaires, je me disposai à partir.

SUBTILITÉS CAPTIEUSES DU COLONEL.

Le colonel Francisco Diaz Davila, voyant qu'il n'avait pu réussir, se servit d'un stratagème très malicieux pour me surprendre. Il savait qu'un certain Portugais, qui lui avait beaucoup d'obligation, était de mes amis. Il le fait appeler; il le prie de me venir trouver de sa part, et me dire qu'il serait bien aise de me voir avant mon départ, qu'il demande mon amitié, et souhaite que tout soit oublié.

Je connus bien que c'était un trait de politique;

néanmoins, afin qu'il n'eût pas sujet de se plaindre de moi, je fus à sa maison. Passant devant la porte en faisant mon chemin, il m'attendait de sa fenêtre, et, sitôt qu'il m'aperçut dans la rue, il descendit promptement, et sortit pour me recevoir. Il me convia avec beaucoup de civilité de monter. Les Indiens restèrent à la porte à garder notre bagage.

Ce Monsieur commença à me faire mille honnêtetés. Il me dit qu'il était marri de ce qui s'était passé, qu'il savait bien que j'avais eu raison de demander ce que j'avais demandé, qu'il me l'aurait lui-même accordé, sinon qu'il craignait qu'après avoir mis les chevaux hors l'ile d'Ouracappa, je ne voulusse encore qu'on mît dehors ceux de l'île du Pambou. Il me fit, enfin, mille protestations d'amitié et de service. Je lui rendis honnêteté pour honnêteté, et je tàchai d'enchérir sur les siennes, lui disant l'estime que je faisais de son amitié, pour savoir combien elle serait avantageuse à la conversion des Indiens, les méchants tirant avantage de notre différend. Je n'omis rien, enfin, pour lui marquer ma parfaite joie de notre accommodement, et pour l'assurer de la sincérité de mes intentions. Il me demanda si j'avais besoin de quelque chose pour mon voyage, et si j'emportais tout ce qui était nécessaire, s'offrant à me le fournir. Je le remerciai très affectueusement. Il me fit apporter aussitôt six boîtes de marmelades, et me pressa de lui dire s'il ne me manquait rien.

Voyant tant de bonne volonté, je lui dis qu'un tel m'ayant manqué de parole pour la rétribution de cinquante messes (ce sont cinquante livres en ce pays-là), je n'emportais pas quelque chose que j'aurais emporté. Aussitôt, il me les compta, et me dit que cet homme, sous huit jours, serait à la Baye, et qu'il le lui rendrait sur mon reçu. J'acceptai l'offre avec remercîment, me sentant très obligé, et croyant que tout cela procédait d'un cœur bien sincère. Je lui dis : « Monsieur, les honnêtetés m'obligent à vous donner une preuve incontestable de la sincérité de mon cœur dès à présent. Vous savez que je ne suis venu ici que par force, et après vous avoir averti plusieurs fois que vous m'obligeriez, contre mon inclination, à recourir au Gouverneur, ayant cherché tous les moyens imaginables d'accommodement par la voie de la douceur. Mais, puisque aujourd'hui vous me donnez de si grandes marques de votre affection, je vous remets de bon cœur l'ordre que vous savez que Monsieur le Gouverneur m'a donné ; il ne m'est plus nécessaire, puisque tout est pacifié. Faites-moi seulement la grâce de me donner un mot de votre main pour les habitants du fleuve, afin qu'il leur soit visible que vous m'honorez de votre amitié, et que vous voulez que nous vivions dans une parfaite paix, en sorte qu'ils imitent votre exemple, et que Dieu soit glorifié. »

Il reçut l'ordre ; il le lut, et me le rendit. Mais je persistai dans mon offre, avec des paroles de tendresse, pour mériter de plus en plus son amitié. Il reprit l'ordre du Gouverneur avec remercîments, et me donna l'écrit de sa main que je lui demandais pour les habitants du fleuve de Saint-François.

Je crus, enfin, par cette démarche, lui gagner entièrement le cœur, car l'ordre lui était un reproche de son mauvais procédé à mon égard. Il me dit ensuite avec beaucoup de civilité : « J'ai une grâce à vous demander, mon Révérend Père; puisque nous voilà parfaitement amis, j'ai lieu de l'espérer de votre bonté. — Monsieur, lui dis-je, je me ferai un vrai plaisir de vous servir en ce que je pourrai. »

Pour lors, il se déclara en cette sorte : « Vous savez, mon Révérend Père, les grands frais que j'ai faits pour la guerre où vous avez été présent. Le Roi ne m'a fourni que de la poudre et du plomb; tout le reste a été de mes dépens. J'ai été absent de ma maison de la Torre près de quatre ans, vivant sur le fleuve avec beaucoup d'incommodités, afin d'empêcher les soulèvements dont on était menacé. Je ne demande point au Roi de remboursement, mais quelque grade d'honneur que je crois avoir mérité. Monseigneur le Gouverneur m'a donné un certificat pour ce sujet; les quatre maîtres-de-camp ont fait la même chose. Les Révérends Pères Jésuites m'ont aussi fait la même grâce. Je les vais envoyer à la Cour par cette flotte, prête à partir pour le Portugal. Je vous prie d'y joindre aussi votre certificat, au sujet des missions : c'est la grâce que je vous demande. »

Je pressentis aussitôt son dessein; du moins, je soupçonnai qu'il voulait me surprendre. C'est pourquoi je lui répondis : « Monsieur, que vous peut servir un certificat d'un étranger inconnu et d'un particulier? — Il me servira beaucoup, mon Révérend Père, ne me le refusez pas, je vous prie.

Je m'excusai encore le mieux que je pus; mais il me fit tant d'insistances, que je vis que je ne pouvais le refuser sans l'offenser et lui donner sujet de me persécuter de nouveau par le moyen des habitants du fleuve de Saint-François qui dépendaient de lui.

et qui étaient tous attachés à lui par leurs intérêts.
Ainsi, il aurait pu me suivre en cent manières par
leur moyen, et, lorsque je m'en serais plaint et
l'aurais accusé, il aurait facilement désavoué et même
condamné leur procédé. Je me vis donc dans une
grande perplexité ; car, si je le refusais, je le gen-
darmais contre moi ; si je lui accordais, je me met-
tais en danger de lui laisser dans les mains des armes
pour me battre. J'eus toutes ces vues en un moment,
et, ayant le cœur fort angoissé sans le faire paraître,
je sentis en moi-même un fort mouvement de lui
donner un certificat, et de mettre ma confiance en
Dieu. Mon cœur se trouva paisible sur la résolution
que j'en pris ; et aussitôt, prenant la plume, sans
avoir prémédité la forme du certificat, je commençai
à l'écrire à mesure que les pensées me venaient. Je
le fis si concis, qu'il n'avait pas six lignes, et, mettant une parole qui était équivoque et qui rendait
tout le certificat équivoque, je fis une fort grande
attention, et je m'étonnai de ce qu'elle m'était venue
à l'esprit sans l'avoir cherchée. J'eus formellement
pour lors l'intention de la dire et de l'écrire dans le
sens qui m'était favorable, et qui était le seul véritable. Il la prit, lui, dans le sens qu'il désirait, lisant
le certificat. Je le signai, et il le fit signer aussi par
deux témoins, pour le rendre valide. Ainsi, il
demeura content, et moi aussi.

Prenant donc congé de lui après des embrassades
fort tendres de ma part, mais fourbes de la sienne,
je commençai mon voyage, très joyeux, et tout
triomphant d'avoir eu un si heureux succès.

TRAHISON A MON ÉGARD, PENDANT QUE JE RETOURNAIS
A MON ALDÉE. — TRAVAUX DE CE VOYAGE.

A peine avais-je fait deux jours de chemin, qu'il
fut trouver le Gouverneur, mon certificat et son
ordre à la main, et, lui faisant un compliment en
homme d'esprit mais malicieux, il lui dit, comme je
l'appris ensuite d'une personne à qui le Gouverneur
le dit : « Monseigneur le Gouverneur, vous allez
connaître à présent le caractère du missionnaire qui
est venu ici sous le masque de la sainteté, surprendre
Votre Seigneurie. Voilà un certificat de sa main,
contraire à ce qu'il vous a dit, et voilà l'ordre que
Votre Seigneurie lui a donné, qu'il m'a laissé par
mépris, ne le daignant emporter. »

Je laisse à penser au lecteur quelle fut la surprise
du Gouverneur, voyant des choses si contradictoires.
Il me blâmera, sans doute, d'avoir donné un certificat à ce Monsieur, et de lui avoir mis dans les
mains son ordre ; il aura sujet de me soupçonner
d'infidélité, après les bienfaits dont il m'a comblé.
J'avoue que cela est vrai.

Le succès, néanmoins, fera voir que ma simplicité
a été le moyen par lequel Dieu voulait me justifier
plus glorieusement, et découvrir plus évidemment
la malice de mon adversaire, et que c'était par un
ordre de la Providence que j'avais manqué de prudence selon le monde dans cette occasion. Mais cela
me coûta cher, comme on le verra dans la suite de
ce récit. Je poursuis pour le moment mon voyage.

Après sept ou huit jours de chemin, l'eau nous

manqua dans un lieu où nous pensions en trouver et nous reposer. Il fallut donc passer outre, ayant encore plus de neuf lieues à faire sans en trouver. Nous marchâmes la nuit, et, après trois heures de chemin, n'en pouvant plus, nous dûmes nous reposer. Nos chevaux étaient aussi fatigués que nous, parce qu'ils n'avaient point bu depuis le départ du matin ; ils ne purent pas manger, et nous non plus. Nous repartîmes deux heures avant le jour, pour pouvoir prendre le frais. A peine eus-je fait une demi-lieue sur un cheval, que je m'aperçus qu'il chancelait d'épuisement. Je descendis incontinent, et pris l'autre, qui, au bout d'environ une demi lieue, ne put plus se soutenir. Il fallut donc, par nécessité absolue, marcher à pied, et tirer des forces de ma faiblesse, ou mourir. Tout le chemin était d'un sable mouvant, qui enfonçait beaucoup, et, lorsque le soleil donnait dessus, il me brûlait les yeux et achevait de m'épuiser. Je crois que si nos Indiens n'avaient trouvé de temps en temps quelques petits fruits, qu'on appelle *mangava,* qui ressemblent à des cormes, je serais mort infailliblement de soif.

Enfin, après un travail excessif, nous arrivâmes dans un lieu où il y avait de l'eau, assez bonne pour nos chevaux, mais peu bonne pour nous, heureux néanmoins de l'avoir rencontrée. Après environ trois heures de repos, nous partîmes pour aller à l'aldée d'un Révérend Père Jésuite, nommé Jacob Rolland, Hollandais de nation, et un vrai saint. Il y avait deux grandes lieues de chemin, toutes de sable mouvant, qui enfonçait beaucoup, et toujours en montant. J'achevai de m'épuiser, car il fallut aller à pied.

Arrivé à une grosse heure de nuit, à peine eus-je

la force de prononcer quelques paroles pour saluer le Révérend Père Jésuite et son compagnon. Il me reçut avec une charité digne d'un homme apostolique, et me donna un peu de vin pour me faire revenir le cœur. Je demeurai quatre jours chez lui pour me reposer avec mes Indiens, et à chaque repas il eut toujours la charité de me donner un verre de vin. Je dis ceci comme une chose remarquable, parce qu'il n'en avait que très peu pour la messe. Il eut encore la charité d'emprunter un cheval pour me porter jusqu'à l'aldée d'un autre Révérend Père Jésuite, nommé Jacob Clé, Flamand de nation, distante de la sienne de douze lieues. C'est dans ces deux aldées que le Révérend Père Anastase mena les pauvres esclaves qu'il avait délivrés de l'esclavage. Ce dernier Père Jésuite était un homme de grande qualité, très vertueux aussi, et qui avait beaucoup de talent; il me connaissait déjà dès Pernambouc, et je l'avais encore vu une autre fois. Il me fit de même tout l'accueil possible ; je lui rendis aussi un service considérable à l'égard de ces Indiens.

Après deux jours de repos, je partis pour suivre mon voyage, n'ayant encore fait que soixante-douze lieues, et il m'en restait encore autant. Il ne se trouva point de cheval à me prêter, la sécheresse les ayant tous mis hors d'état de servir. Je me servis des nôtres, qui avaient pris un peu haleine ; mais, dès le second jour, ils me manquèrent, faute de nourriture : il fallut aller à pied. J'avais marché environ trois lieues pour arriver à l'eau, quand deux Portugais assez bien montés, venant de la Baye, me rencontrèrent. Aussitôt, ils mirent pied à terre, et je montai sur le cheval de l'un d'eux, n'en pouvant plus, la chaleur étant extrême. Le Portugais marcha à pied deux lieues, et je lui rendis son cheval malgré lui. Je fis à pied cette dernière lieue, et j'arrivai à Gérimoüabo pour y coucher. Je ne m'aperçus pas, le soir, de mon épuisement. Je mangeai un peu de morue sèche, qui était toute ma provision depuis la ville de la Baye; mais, le lendemain, voulant me lever, je tombai en faiblesse : il fallut donc rester là. Je dépêchai un de mes Indiens avec un mot de lettre aux Pères Anastase et Joseph, qui m'envoyèrent aussitôt deux chevaux et des provisions.

Je restai six jours dans ce lieu, pour me rétablir un peu, car je ne pouvais me soutenir, tant était grande ma faiblesse. Au sixième jour, je fis quatre cents pas environ pour demander à un Moulate un cheval à emprunter. De quatorze qu'il avait, un seul était capable de porter un homme, la sécheresse ayant mis tous les autres hors d'état de servir. Il eut la bonté de me le prêter jusqu'à ce que je rencontrasse ceux qu'on m'amenait. Au bout de trois jours de chemin, et douze jours après le départ de mon Indien, nous arrivèrent heureusement deux de nos Indiens, avec deux chevaux, qui venaient en diligence à ma rencontre. La joie fut grande et réciproque; pour lors je renvoyai à son maître, avec bien des remercîments, le cheval emprunté; mais les nôtres, qui allaient à vide, pensèrent mourir dans cette traverse, où l'eau manqua encore pendant neuf grandes lieues.

NOUVEL ACCIDENT EN SORTANT DE CANABRAVA.

Je ne dois pas omettre un cas considérable, qui
m'arriva, demi lieue, ou environ, après être sorti de
la maison du Révérend Père Jacob Clé, Jésuite. Je
trouvai dans le chemin un nommé Francisco Pereira,
mon voisin sur le fleuve de Saint-François, qui allait
à grande hâte à la Baye, porter la nouvelle à Francisco Diaz Davila et à Jean Alurez Fontez, que les
chevaux de l'île d'Ouracappa, qu'on avait mis dehors,
étaient tous morts, et que les Cariris s'étaient soule-
vés contre les Portugais. Je lui demandai des parti-
cularités sur ce soulèvement, et je connus qu'il n'y
en avait point d'autre que d'avoir chassé les chevaux
de leur île, et de n'avoir pas voulu consentir qu'on
les y remit. Je le priai avec toutes les instances possibles de retourner avec moi, lui montrant la lettre
du colonel Francisco Diaz Davila, et lui disant que
nous étions à présent grands amis. Je ne pus le fléchir.

Il poursuivit son chemin, et moi, après l'avoir
perdu de vue, je fis réflexion qu'il pourrait par ses
calomnies me faire quelque mauvaise affaire. Je
revins sur mes pas à l'aldée du Révérend Père Jacob
Clé, qui fut fort surpris de mon retour. Je lui en dis
la cause, et le priai de me donner un de ses Indiens
pour porter à la Baye une lettre que j'allais écrire,
n'étant pas en état d'y retourner moi-même, et la
chose étant de grande conséquence. Il me dit que
cet homme s'était arrêté à se reposer chez son voisin,
à deux cents pas de là, qu'il viendrait avec moi pour
le persuader de retourner au fleuve. Nous le trou-

vâmes chez ce voisin, et je lui dis fort agréablement :
« Puisque vous n'avez pas voulu m'accompagner au
fleuve, il faut que je vous accompagne à la Baye, et
nous reviendrons ensemble. » Pour lors, le Révérend
Père Jacob Clé le pria, et ce voisin aussi, de se
désister de son voyage. Il ne voulut jamais se rendre.
Moi, sans m'émouvoir davantage, je lui demandai
beaucoup de choses sur l'état des Révérends Pères
Anastase et Joseph, des Indiens, du bétail, et en
particulier des chevaux. Il se coupa en plusieurs
réponses, ce que remarqua fort bien le Révérend
Père Jésuite, et même son voisin; néanmoins, je ne
dis rien, pour le mettre davantage en contradiction
avec ses propres paroles.

Lorsque je le jugeai assez enfoncé, je repris tout
ce qu'il avait dit, et le convainquis de sa fausseté par
ses contradictions; il en eut assez de honte. Pour
lors, je lui fis de nouvelles instances de s'en retourner avec moi; mais cela fut sans effet. Seulement, il
me protesta qu'il ne parlerait point du tout contre
nous, ni contre les Indiens. Je lui demandai s'il voulait bien être le porteur d'une lettre au colonel Francisco Diaz Davila, ou qu'à son refus, j'allais envoyer
un exprès. Il me jura qu'il la donnerait. Je lui en fis
la lecture, et je la cachetai. Il partit donc, et je
retournai sur mes pas. Il perdit en chemin un cheval
de prix, et il lui arriva toute sorte de disgrâces. C'est
celui dont j'ai dit ci-dessus qu'il perdit à la fin tout
son bien, qu'il fut haï de tout le monde, et obligé
de se retirer chez nous, à l'aldée d'Ouracappa, où on
ne l'appelait que « l'excommunié. » En effet, il était
tellement défiguré, qu'il faisait peine à voir, et il
demeura toujours languissant.

Je reprends ici le fil de ma Relation.

Après notre repas, que nous fîmes à cent pas du lieu où nous nous rencontrâmes, à l'ombre de quelques arbres, et qui fut de poissons frais qu'un Indien passant venait de pêcher, et d'un peu de vin qu'on m'avait envoyé de l'aldée dans un petit flacon, nous poursuivîmes notre voyage avec beaucoup de joie. Au bout de six à sept jours, nous arrivâmes à l'aldée d'Ouracappa, où nos chers compagnons vinrent me recevoir avec toutes les marques possibles de joie et de tendresse. Tous nos Indiens vinrent en corps pour me féliciter de ma bienvenue.

J'oubliais facilement tous les travaux passés, et je les croyais bien employés, pour le succès heureux de mon voyage; car je ne savais rien de la trahison que Francisco Diaz Davila m'avait faite, après mon départ. Nous étions tous en jubilation, et je faisais part à tous les Portugais de ma parfaite réconciliation avec Francisco Diaz Davila. Tous en étaient ravis; car la plupart nous aimaient, et n'osaient le marquer.

Peu de temps après, je reçus une lettre du Révérend Père Louis de Tissange, Capucin, arrivé depuis peu de Lisbonne à la Baye pour y prendre un hospice, apportant pour cet effet les lettres patentes du roi de Portugal. J'avais moi-même écrit à ce sujet à nos Pères de Lisbonne, et avais accepté un emplacement qu'on m'offrit dès mon premier voyage à la Baye.

GRANDE SURPRISE,
EN APPRENANT D'ABORD LES NOUVELLES INTRIGUES
DE DIAZ DAVILA, PUIS LEUR INSUCCÈS.

Ce religieux, donc, avec qui j'avais pris l'habit et fait profession, m'écrivit, trois mois après ma sortie de la Baye, que Monseigneur le Gouverneur était terriblement en colère contre moi, et qu'il lui en avait dit les sujets. C'étaient ceux que j'ai marqués ci-dessus : d'avoir donné un certificat au colonel Francisco Dias Davila, et de lui avoir remis avec mépris son ordre. Il en avait, sans doute, un très grand sujet, ne sachant pas ce qui s'était passé entre ledit colonel et moi, ni sa trahison.

J'appelai aussitôt nos chers compagnons, qui se rendirent incontinent chez nous. Je leur fis part de cette lettre affligeante ; ils en furent, aussi bien que moi, très surpris et très affligés. Pour lors, ayant le cœur tout saisi de douleur, je dis ces paroles : « Mon Dieu, j'ai fait jusqu'ici tout ce que j'ai pu comme homme ; mes forces ne vont pas plus loin. C'est votre affaire : faites, ô mon Dieu, s'il vous plaît, le reste. »

Je ne négligeai, néanmoins, rien de ce que je croyais devoir faire, et, en présence de mes deux compagnons, j'écrivis une ample justification de mon procédé à Monseigneur le Gouverneur, et l'adressai ouverte au susdit Père Louis de Tissange, qui avait beaucoup d'accès auprès de lui. Je récrivis jusqu'à trois fois cette lettre, par l'avis de mes compagnons, y réformant toujours quelque chose ; mais, la troisième fois, le Père Anastase me dit : - Envoyez hardiment la lettre ; on ne peut ni ajouter ni diminuer. Il ne saurait refuser de se rendre à ces raisons. »

Je l'envoyai donc, et elle fut fidèlement rendue au Père Louis de Tissange. Il chercha bien souvent l'occasion de la mettre entre les mains de Monseigneurle Gouverneur ; mais, sitôt qu'il voulait parler de moi, celui-ci se mettait en mauvaise humeur, et lui tournait le dos. Il me donna incontinent avis de ce qui se passait, et qu'il n'avait osé donner ma lettre à Monseigneur le Gouverneur, crainte que, dans sa colère, il ne l'eût déchirée sans la lire. Enfin, un mois après cette dernière, le Père Louis de Tissange m'écrivit, de la part de Monseigneur le Gouverneur, qu'il avait été pleinement informé de mon procédé, qu'il l'approuvait en tout, sinon dans le certificat que j'avais donné à Francisco Diaz Davila, sans lequel il lui aurait confisqué tous ses biens, et l'aurait exilé en Angola ; que je lui donnasse des occasions de me rendre service, et à la mission, cependant qu'il serait à la Baye ; et qu'après son retour au royaume de Portugal il me ferait connaître l'estime qu'il avait de moi ; que cependant, un capitaine d'ordonnance du fleuve étant mort à la Baye (c'était Emmanuel de Souza, dont j'ai parlé, qui m'accompagna pour pacifier les troubles), on lui avait nommé trois sujets pour remplir sa place (il me marquait leurs noms), que je visse lequel des trois était le plus propre et notre meilleur ami ; qu'il lui enverrait la patente de capitaine ; que, si aucun des trois n'était notre ami, je lui en nommasse un, et aussitôt il le pourvoirait.

Voilà bien du changement dans nos affaires ! Je

ne pouvais attendre humainement de faveurs si obligeantes ; aussi il faut bien dire : *Hæc mutatio dexteræ Excelsi* ; c'était la main de Dieu !

Jamais je ne fus plus étonné ni n'eus plus grande joie. J'allai aussitôt à l'église en remercier Dieu, et j'envoyai incontinent appeler les Pères Anastase et Joseph, qui, sans tarder, partirent de leurs maisons et se rendirent chez nous. Nous chantâmes à l'église le *Te Deum Laudamus* en actions de grâces. Nos Indiens furent de la fête. Ce ne fut, enfin, que joie et jubilation.

Je n'ai pu savoir au vrai par quel canal Monseigneur le Gouverneur avait été informé de la vérité, le Père Louis n'en ayant rien dit dans sa lettre, et, lorsque je fus à la Baye pour supérieur, le dit Père étant parti deux heures après pour le Rio de Janeiro, sans que j'eusse le temps de rien lui demander.

J'ai cru, néanmoins, probable que le Père Louis avait trouvé quelque bon moment pour obliger Monsieur le Gouverneur à recevoir ma lettre et à la lire. Elle était d'une feuille de papier entière ; et je n'y avais omis rien de ce qui se pouvait dire pour faire connaître la vérité et la sincérité de mon procédé, le tout succinctement et clairement, n'y ayant pas une parole superflue, ni éclaircissement à désirer. Elle prouvait évidemment que j'avais fait tout ce qu'on peut faire humainement, par les voies d'honneur, pour mériter l'amitié du colonel Francisco Diaz Davila, et pour vivre en paix avec lui. J'ai cru, aussi, que d'autres personnes de probité, instruites des recherches que j'avais faites de l'amitié du colonel et de mon procédé dans la mission, lui avaient parlé dans quelque occasion, et que le Révérend Père Provincial des Jésuites et le Révérend Père Recteur étaient de ce nombre, car je les avais informés de tout, et ils détenaient une copie d'un manifeste que j'avais fait contre le colonel Francisco Diaz Davila, deux ou trois ans auparavant, et envoyé au Révérend Père Supérieur de Lisbonne pour présenter à la Cour. Il s'en était suivi pour·le colonel une forte correction.

Après la joie de cette heureuse nouvelle, nous jugeâmes tous qu'il fallait répondre au Père Louis de Tissange, et non au Gouverneur, sur ce qu'il m'avait mandé par son ordre, mais de manière qu'il lui pût montrer la lettre toute entière. Je fus chargé de la faire. Je commençai par de grandes actions de grâces à Dieu, dont la providence amoureuse veille toujours sur les siens, pour tirer sa gloire et même leur avantage de toutes leurs tribulations. Je le priais ensuite de marquer à Monsieur le Gouverneur ma plus tendre reconnaissance et celle des autres missionnaires pour sa bonté. J'exposais le sens de mon certificat, et j'en justifiais l'équivoque par l'exemple des saints, des anges, et de Jésus-Christ même dans l'Évangile, montrant qu'il est permis de cacher la vérité à ceux qui nous veulent tromper injustement; permettant qu'ils se trompent eux-mêmes dans l'intelligence de ce qu'on dit. J'alléguais les auteurs, et je produisais les exemples de l'ange Raphaël à Tobie, de Jacob à Isaac, de Jésus-Christ aux Juifs et à ses apôtres même. Je concluais que mon certificat aurait été un très faux témoignage dans l'autre sens, puisque nos plaintes, qui avaient été portées à la Cour de Portugal, justi-

fiaient du contraire, et que le mot qui faisait l'équivoque de tout, se prenait dans les deux sens fort
ordinairement.

Voici le certificat :

« Moi, Frère Martin de Nantes, Capucin français,
missionnaire apostolique dans le Brésil, parmi les
Indiens appelés Cariris, sur le fleuve de Saint-François, terres du sieur Francisco Diaz Davila par don
du Sérénissime Roi de Portugal, certifie que depuis
sept ans nous faisons, nos compagnons et moi, paisiblement notre mission parmi les Indiens Cariris
susdits.

» Fait à la Baye de tous les Saints, tel jour de
tel mois, et l'an 1683. »

« F. MARTIN ci-dessus. »

L'équivoque est dans ces termes : « Depuis sept
ans nous faisons paisiblement, nos compagnons et
moi, notre mission. » Il entendait que nous faisions
paisiblement notre mission par rapport à lui, ce qui
aurait été faux. Pour moi, je ne l'entendais que par
rapport à nous, qui avons toujours fait notre mission
avec paix, ne cherchant que le salut de ces pauvres
Indiens : c'est là le sens, et le seul vrai sens, dans
l'intelligence duquel je le laissais se tromper justement. De même, Notre-Seigneur Jésus-Christ laissa
les Juifs se tromper lorsqu'il leur dit : « Solvite tem-
plum hoc, et in tribus diebus reœdificabo illud.
Détruisez ce temple, et dans trois jours je le réédi-
fierai. » Il entendait parler du temple de son corps,
et les Juifs, au contraire, crurent qu'il parlait du
temple de Jérusalem. Notre-Seigneur vit bien qu'ils

prenaient ses paroles dans un sens différent de celui qu'il les disait, et il les laissa dans leur erreur.

Autant en avait fait l'ange Raphaël à Tobie lui demandant qui il était. Il répondit qu'il était le fils du grand Ananias. Que si ces raisons ne contentent pas mon lecteur, non plus que ces termes, pour justifier mon équivoque, je ne veux point contester avec lui ; je laisse la chose pour ce qu'elle est devant Dieu, me soumettant fort volontiers au juste jugement des savants. Je rapporte seulement ceci pour ne rien omettre de ce qui m'arriva dans cette occasion, qui dans la suite me coûta si cher, comme j'ai dit ci-dessus.

Ensuite, je suppliais humblement Monseigneur le Gouverneur, puisqu'il me faisait l'honneur et la grâce de laisser à mon choix l'élection d'un capitaine d'ordonnance en la place du défunt, d'envoyer la patente à celui que je prenais la liberté de lui nommer par son ordre. Je le priais encore d'envoyer en même temps une patente de capitaine à un Indien que je lui nommais, et un habit et un bâton de commandement, dont le capitaine d'ordonnance le mettrait en possession, ôtant celui qui occupait ce poste, parce qu'il était un mauvais chrétien, qui sourdement entretenait les autres dans les superstitions de leur paganisme.

Monsieur le Gouverneur, Roch de Costa, m'accorda de point en point tout ce que je lui demandais ; il m'envoya en un même paquet les patentes pour le capitaine portugais et pour le capitaine indien, avec l'habit et le bâton de commandement, qu'ils appellent *ginerra*, qui a les deux bouts en argent. Il ordonna au capitaine portugais d'ôter de son poste le capitaine indien dont je me plaignais, et de mettre l'autre en sa place. Je ne sais si on peut désirer des marques plus évidentes et plus signalées du retour de Monseigneur le Gouverneur en notre faveur, et du secours de Dieu pour me délivrer de la calomnie et surtout de l'oppression.

NOMMÉ SUPÉRIEUR DE L'HOSPICE DE LA MISSION A LA BAYE, JE LAISSE MON ALDÉE AU P. BERNARD DE NANTES.

Quelque temps après, le Révérend Père Bernard de Nantes, capucin, religieux de mérite et de talent, vint nous trouver sur le fleuve de Saint-François, et m'apporter l'obédience du Révérend Père Provincial pour aller, en qualité de supérieur, à la ville de la Baye, et y bâtir un hospice, ou couvent. Il n'y avait encore que de petites cellules, de simple terrasse, sur l'emplacement dont on avait pris possession, et une église de la même sorte, qu'on avait bâtie seulement en attendant qu'on fît un couvent parfait. Le Roi de Portugal eut la bonté de donner cinq cents livres par an pendant dix ans, pour aider à ce bâtiment.

Je différai cinq mois entiers de partir du fleuve de Saint-François, afin d'instruire dans la langue le Révérend Père Bernard, et le rendre capable d'administrer les sacrements aux Indiens des deux aldées que j'administrais. Je lui laissai le dictionnaire, que j'avais composé, de la langue des Cariris, l'art, ou rudiment, un examen de conscience et direction de confession, et quelques vies de Saints, le tout traduit

en la langue des Cariris, avec le portugais à l'opposé. Et, comme il avait beaucoup d'esprit et la
mémoire fort heureuse, je le laissai capable d'exercer son ministère, et lui donnai connaissance de tout
ce qui était nécessaire pour gouverner les Indiens,
outre ce qu'il vit en pratique pendant cinq mois.

Je pris congé d'eux, et dis adieu à mes chers
enfants spirituels, ce qui ne se put faire sans larmes
réciproques. Plusieurs Indiens m'accompagnèrent la
première journée, avec tous les témoignages imaginables de tendresse. J'en gardai seulement deux
jusques au Penedo, petite ville qui est à sept lieues
du fleuve de Saint-François, vers la mer. C'était le
chemin le plus long, car il y a cent lieues, ou environ, de notre aldée d'Ouracappa au Penedo; mais je
désirais voir deux nouveaux missionnaires arrivés
sur le bas du fleuve. Le premier, appelé Père Bona-
venture de Bécherel, occupait l'aldée des Aramou-
roux, où le Père Anastase d'Audierne avait demeuré
près de six ans; et l'autre, Père Joseph de Ploërmel,
frère du Révérend Père Provincial, Clément de
Ploërmel, qui demeurait vingt lieues plus bas, dans
l'aldée du Pockin.

Je leur rendis service à l'un et à l'autre, et je
tâchai, pendant douze jours que je fus en chacune
de ces aldées, de leur donner connaissance de ce
que l'expérience de douze années de mission m'avait
appris pour le difficile gouvernement des Indiens.

Ils eurent, l'un et l'autre, beaucoup de déférence
à mes avis, étant informés de l'heureux succès que
Dieu m'avait donné dans ma mission. Je leur fis
connaître le génie des Indiens et la manière de les
gouverner, et aussi comment il fallait se comporter

avec les Portugais; car, par défaut d'expérience ou
d'instruction, on fait bien des fautes.

DANGERS COURUS PENDANT MON VOYAGE A LA BAYE.

J'attendais tous les jours le départ d'une barque
qui devait aller à la Baye; mais, peu avant ce
départ, je fus saisi d'une crainte extraordinaire de
faire ce voyage par mer. Je cherchai tous les moyens
de m'y rendre par voie de terre; on m'assura que
c'était impossible dans cette saison. Je me vis donc
obligé par force à m'embarquer. Le jour venu, nous
montâmes tous dans la barque. Il y avait des personnes considérables qui allaient à la ville de la
Baye, qui me connaissaient, et qui, voyant la grande
crainte où j'étais, me disaient tout ce qu'elles pouvaient pour me l'ôter. Néanmoins, j'étais malgré
moi dans un abattement d'esprit étrange. Le temps
était fort beau, le vent bon, la barque toute neuve,
d'environ quarante tonneaux, et seulement demi
chargée.

Après avoir mis à la voile, nous arrivâmes bientôt
sur la barre du fleuve, où est le péril. Les flots,
quelque calme qu'il fasse, sont toujours fort élevés,
à cause de leur rencontre avec ceux de la mer, qui
s'opposent au cours de ce grand fleuve, et ils s'abais-
sent autant qu'ils s'élèvent; cela fait horreur à voir.
J'y avais déjà passé une fois, en entrant; et tous
ceux de la barque s'étaient saisis, par l'ordre du
pilote, de quelque chose, cordes ou autres objets
fermes, pour ne pas être emportés par les flots, qui
passent quelquefois par dessus la barque.

Lorsque nous approchâmes, je crus que le pilote allait tourner le gouvernail pour prendre la vraie route ; mais il attaqua la barre par cet endroit là, et, ayant été élevés par le premier flot, à sa chûte nous donnâmes si rudement sur un banc de sable, qu'un des gonds du gouvernail rompit. Le second flot nous éleva comme le premier, et nous laissa choir rudement sur le même banc ; le deuxième gond du gouvernail rompit. Le troisième flot nous donna une si rude secousse, que nous crûmes tous le navire ouvert. Pour lors, pilote, matelots et passagers commencèrent à jeter des cris fort désespérés, abandonnant tout, et se croyant absolument perdus. Le gouvernail alla à la dérive, et le navire pouvait être renversé dans un moment ; personne n'aurait échappé à la mort.

Pour lors, le cœur commença à me revenir, et je criai très fortement : « Saisissez les écoutes ; gouvernez par les voiles. » Ils firent ce que je dis, et nous sortîmes par ce moyen du péril. On donna incontinent à la pompe pour voir si le navire était ouvert, afin de nous jeter à la côte ; mais ne s'étant pas ouvert, parce qu'il était neuf et peu chargé, nous mîmes hors près d'une lieue en droiture, et nous fîmes avec des planches une espèce de poutre au lieu de gouvernail. Avec cet équipage, nous arrivâmes heureusement, dans deux jours et demi, à la Baye, portant peu de voiles, parce que notre poutre n'était pas capable de soutenir un plus grand effort, et, s'il était arrivé une tempête ou un vent contraire, nous n'aurions pas pu résister ; mais, par bonheur pour nous, le vent était bon et égal.

Quand nous fûmes hors du péril, je dis à tous ceux

qui auparavant faisaient tant les assurés, et étaient surpris de ma crainte : « Eh bien, Messieurs, chacun craint à son tour ; pour moi, j'ai craint le péril avant d'y être, et j'ai repris courage dans le péril. Et vous, qui étiez fort assurés avant le péril, vous avez perdu tout votre courage quand vous vous y êtes vus. — Il est vrai, mon Père, me dirent-ils, et sans vous nous aurions inévitablement péri. Nous ne pensions plus à nous sauver, mais plutôt à mourir. Il semble que Dieu vous avait donné un véritable pressentiment de ce qui devait arriver. — Je ne sais pas, Messieurs, ce qu'il en est ; mais je n'étais pas bien maître de moi-même, et j'étais autant surpris que vous de ma crainte. »

Il faut avouer que la présence de la mort, en plein jugement, et sans y avoir pensé, donne de terribles impressions de l'éternité. Je croyais, dans un *Miserere* de temps, aller paraître devant Dieu. Dans ce moment, je me représentai plus de choses que je ne saurais dire en parlant longuement, et je vis l'importance et les suites du jugement que j'allais subir, avec plus d'évidence que je ne saurais faire par tous les raisonnements. Je ne trouvai autre consolation, ni autre refuge, dans ce passage à l'éternité, que de me jeter entre les bras de la miséricorde de Dieu, et de lui dire : « Mon Dieu, je suis, je le sais, une très petite créature ; je me jette entre vos bras. Ayez pitié de mon âme. » Cet acte d'abandon entre les mains toutes-puissantes de Dieu, me fortifia beaucoup, et me fit revenir de la grande frayeur intérieure où la présence de l'éternité m'avait jeté.

NOUVELLES CALOMNIES DE DIAZ DAVILA, ET NOTRE JUSTIFICATION.

Arrivé heureusement à la Baye, je fus reçu par les Révérends Pères Louis de Tisange, Basile du Faoüet et Jean-Baptiste, tous Capucins du Croizic, avec toutes les démonstrations possibles d'affection. Mais le Père Louis partit deux heures après pour Rio de Janeiro, dans une barque qui fit voile incontinent; en sorte que je n'eus pas le temps de m'informer de ce qui s'était passé avec Monseigneur le Gouverneur Roch de Costa, qui était parti pour le royaume de Portugal, il y avait environ trois mois, et avait pour successeur un hidalgo nommé Francisco de Souza, autrement Braço de Prata, c'est-à-dire « bras d'argent, » parce qu'en effet il avait une main d'argent, toujours couverte d'un gant; la main lui ayant été emportée d'un coup de canon dans un combat, durant la guerre de Portugal avec l'Espagne.

C'était un homme de soixante ans, ou environ. Il ne fut pas plus tôt arrivé, que le colonel Francisco Diaz Davila le prévint contre moi, et aussi contre les autres missionnaires, et tâcha, par tous les moyens possibles, de nous en faire un ennemi juré, tant il se ressentait encore vivement des corrections que lui avait faites à mon occasion le prédécesseur, Monseigneur le Gouverneur Roch de Costa.

Je fus incontinent rendre mes humbles respects au nouveau seigneur Gouverneur. Il me reçut avec beaucoup de civilité pour la première fois; mais, lui faisant quelque temps après une seconde visite, il me déclara ouvertement qu'on lui avait fait de fortes plaintes contre moi et contre tous les autres missionnaires. M'en ayant dit le sujet, j'eus lieu de me justifier amplement, et de faire bien connaître alors le génie de notre perfide accusateur. C'est pourquoi, lorsque le colonel Francisco Diaz Davila, qui ne savait pas du tout que le Gouverneur m'eût donné connaissance des plaintes qu'il lui avait faites de moi, vint en faire de nouvelles, il ne fut pas plus tôt sorti du palais, que Monseigneur le Gouverneur m'envoya quérir par un de ses officiers, pour répondre aux nouvelles accusations, dont je fis voir clairement la fausseté.

Le colonel retourna jusqu'à trois fois à la charge. A la dernière, il supposa une lettre qu'on lui écrivait du fleuve de Saint-François avec de grandes plaintes des habitants contre nos missionnaires, qui soulevaient les Indiens contre les Portugais, les autorisant dans certaines choses au préjudice de ceux-ci. Par malheur pour lui, il avait daté la lettre trop fraîchement, en sorte qu'il était impossible qu'elle fût venue de là en si peu de temps. C'est pourquoi, ne pouvant répondre à des accusations qui me surprenaient et mettaient les pauvres missionnaires dans le blâme, je priai Monseigneur le Gouverneur de me dire depuis quand elle était écrite. Il me montra la lettre et la date; aussitôt je lui dis : « Monseigneur, cette lettre a été faite à la maison de la Torre, étant impossible qu'elle soit arrivée en si peu de temps. Il y a cent cinquante lieues d'ici au fleuve de Saint-François, et nos Pères Missionnaires m'auraient écrit s'il y avait eu la moindre des choses : c'est de quoi je les ai chargés expressément en partant.

Monseigneur le Gouverneur reconnut la fausseté de ce procédé, et demeura persuadé que le colonel Francisco Diaz Davila était notre mortel ennemi et un véritable imposteur. De sorte que, de là en avant, il n'osa plus m'attaquer, et Monseigneur le Gouverneur me fit l'honneur d'une fort grande confidence.

Je fus visiter tous les principaux de la ville, tant ecclésiastiques que séculiers, et toutes les maisons religieuses ; et j'en reçus des marques d'estime et d'affection. Il n'y eut que le colonel Francisco Diaz Davila à qui je ne rendis pas visite, jugeant que je ne devais pas le faire, pour ne pas me mettre en péril de nouvelles prises avec lui ; mais, lorsque je le rencontrais dans les rues, porté dans sa rède, je m'arrêtais tout aussitôt pour le laisser passer, et lui, m'apercevant, sortait incontinent de sa rède, et me faisait la même déférence ; en sorte qu'il me voulait vaincre en civilités.

C'est ainsi que nous en usâmes longtemps, dissimulant tous deux nos sentiments, et nous défiant également l'un de l'autre, sur l'expérience mutuelle de nos différends et de leurs succès. Je ne l'appréhendais plus, et il ne pouvait plus me nuire, quoique la volonté ne lui manquât pas ; mais je savais bien que je ne pouvais pas la lui ôter. Je souhaitais de tout mon cœur sa conversion, sans pouvoir prudemment l'en solliciter, après tant d'expériences de son mauvais cœur. Aussi, je le regardais comme un ennemi déclaré, devenu impuissant à nous nuire par la protection visible de Dieu, et il me regardait de son côté comme un obstacle à ses desseins, toujours présent pour parer ses coups et pour répondre à ses accusations.

De là à quelque temps, arriva Monseigneur l'Archevêque de la ville de la Baye, qui venait de Lisbonne où il avait été sacré. C'était aussi un religieux de Saint-François, fort docte et surtout grand prédicateur; il avait été provincial. Depuis bien des années, la ville de la Baye était privée de premier pasteur, le sien étant mort pendant la guerre du Portugal avec l'Espagne.

Je fus à mon rang, comme supérieur, le complimenter sur sa bienvenue. De là à trois semaines, je lui fis une visite particulière, et lui demandai en même temps sa bénédiction et sa protection pour nos missions. Il n'y avait, par bonheur, personne avec lui. Il me parla en père et en frère : « Je suis, dit-il, votre frère de religion, vous le savez. Je vous honore et vous aime, et souhaite vous servir; mais j'ai de grosses plaintes contre vous et vos missionnaires. Je les ai reçues de Lisbonne, et peu s'en est fallu, que je n'aie amené huit missionnaires avec moi, pour prendre vos places : j'avais déjà leur parole. »

Il me fit un détail des plaintes, qui m'en fit aussitôt connaître l'auteur, et c'était toujours le même. Il avait des amis à qui il envoyait des présents, et ils avaient prévenu fortement Monseigneur l'Archevêque contre nous.

J'entendis paisiblement et sans trembler toutes ses charges. Il les conclut en me disant : « Si je ne vous aimais pas, je ne vous dirais pas ce que je vous dis; je me servirais de mon autorité. Apportez promptement le remède, puisque vous êtes supérieur. — Monseigneur, lui dis-je, il est trop visible que Votre Grandeur ne pouvait nous donner une preuve plus sensible et plus évidente qu'elle nous honore de son affection, que de nous découvrir les plaintes qu'Elle a reçues contre nous, afin de nous donner lieu de nous justifier amplement, ou d'apporter le remède au mal. Il serait bien difficile, en si peu de temps, de se justifier et de répondre à toutes ces plaintes de manière que je pusse persuader Votre Grandeur de leur fausseté. Je La prie seulement de surseoir quelque temps encore son jugement, et j'espère que Dieu lui fera bientôt connaître la pure et exacte vérité; il est trop juste pour souffrir qu'elle soit longtemps opprimée. — Je le souhaite, » me dit-il. Et je pris congé de lui; car il entra incontinent du monde.

Je recommandai cette affaire à Dieu comme la sienne propre, et mis toute ma confiance en sa bonté toute-puissante, dont j'avais tant de fois déjà éprouvé le secours. Mon inquiétude était bien moindre dans cette occasion, ayant déjà répondu aux mêmes accusations devant le Gouverneur, et confondu mes accusateurs; néanmoins, je n'étais pas aussi sans appréhension, parce que je voyais Monseigneur l'Archevêque fort persuadé.

Je retournai, de là à six semaines, lui faire la révérence, sans savoir la disposition d'esprit dans laquelle je le trouverais. J'entrai avec crainte, mais tout résigné à ce qui plairait à Dieu. Sitôt qu'on l'eût averti, il vint au-devant de moi d'un air gai et riant, et, m'embrassant, il me dit : « Soyez le bien venu, mon cher Père, je désirais vous voir. » Et, après m'avoir fait asseoir, il me dit : « Je suis informé, grâce à Dieu, de votre procédé. On m'avait trompé, et j'ai de la joie d'être détrompé à votre avantage, pour le service et la gloire de Dieu. Vous pouvez compter sur mon autorité et sur mon affection à votre mission. Continuez à faire comme par le passé, et ne vous rebutez pas pour les contradictions; on ne peut les éviter en servant Dieu dans notre ministère. »

La joie que je reçus d'un accueil si favorable, me fournit les paroles les plus tendres et les plus affectueuses pour lui marquer ma juste reconnaissance, et je lui allais faire un détail succinct des principales persécutions que nous avions souffertes; mais, ayant commencé, il survint de la compagnie qui rompit l'entretien, à mon grand regret, et je pris congé de Sa Grandeur.

Je n'ai jamais pu savoir qui avait informé Monseigneur l'Archevêque si avantageusement pour nous; j'ai toujours eu lieu de croire que c'étaient quelques personnes de grande probité, et des plus considérables de la ville, à qui j'avais conté mes affaires, et qui m'avaient marqué de l'affection et étaient entrées dans mes intérêts. Je ne peux douter que le seigneur Archevêque n'eût pris des informations de personnes dignes de foi; car il m'avait marqué, précédemment, avoir cette affaire à cœur. Voilà donc encore une fois la mine de notre ennemi éventée; ou, si elle creva, ce fut sur lui, et il n'osa plus désormais m'attaquer, étant sur les lieux pour pouvoir me défendre.

SYMPATHIE DU GOUVERNEUR ET DE L'ARCHEVÊQUE.

On connut bientôt dans la ville que Monseigneur l'Archevêque m'honorait de son affection et de sa

faveur, aussi bien que Monseigneur le Gouverneur.
Cela m'attira bien des importunités pour demander
des grâces. Je m'excusais plus facilement à l'égard
de Monseigneur le Gouverneur, quoique je lui en
demandasse quelques-unes quand la charité m'y
obligeait, et il me les accordait ordinairement ; mais
je ne savais comment me délivrer de celles qu'on me
demandait à l'égard de Monseigneur l'Archevêque.
Je le fus trouver, et je lui dis avec bien du respect :
« Monseigneur, on a connu que vous m'honoriez de
votre faveur ; on en prend le sujet de m'importuner
pour que je vous demande des grâces. Vous savez
que notre état nous met dans la dépendance de tout
le monde, d'autant plus que nous sommes étrangers.
Trouvez-vous bon que je vous présente les requêtes
de ceux qui me prient de vous les apporter et d'inter-
céder pour eux auprès de Votre Grandeur ? » Il me
répondit obligeamment que je les reçusse. « Je vous
demande pour moi la première grâce, Monseigneur,
lui dis-je, qui est de n'accorder jamais que ce que
vous jugerez à propos. — Je vous l'accorde de bon
cœur, me dit-il. Votre demande est trop juste et
trop prudente pour la refuser. Recevez les requêtes
que vous jugerez justes, après les avoir bien exami-
nées ; car je m'en rapporterai à votre jugement, et
me les présentez. » J'en usai ainsi jusqu'à la mort du
dit seigneur Archevêque, qui eut lieu de là à trois
ans ou plus, de la maladie contagieuse qui emporta
tant de monde dans le Brésil.

Je le visitai malade, étant moi-même convalescent
de la même maladie, et j'assistai à ses funérailles.
Il nous avait donné, un an devant sa mort, deux
cents livres d'aumônes pour aider à notre bâtiment.

Nous perdîmes en sa personne un véritable protecteur de notre mission. Il avait écrit avant sa mort une lettre pleine de zèle à notre Révérend Père Provincial, pour lui demander encore plus grand nombre de missionnaires. Il en écrivit aussi en cour, avec beaucoup d'éloges pompeux de notre zèle. Monseigneur le Gouverneur fit la même chose.

ÉTRANGE AVENTURE A PROPOS DE DIAZ DAVILA.

Environ six mois avant la mort du dit seigneur Archevêque, il survint au colonel Francisco Diaz Davila un grand démêlé avec les Révérends Pères Jésuites, pour une mission où nous les avions appelés sur le fleuve de Saint-François. Il souleva les Indiens par le moyen de ses nombreux émissaires, et les fit fuir, leur ayant fait donner quelque présent pour ce sujet, ne voulant d'aucune sorte que les Révérends Pères Jésuites eussent des missions sur les terres du fleuve Saint-François. Pour ce sujet, les Révérends Pères Jésuites firent à juste titre leurs plaintes à Monseigneur l'Archevêque et aussi à Monseigneur le Gouverneur, et le firent citer à la *Relation*, ou parlement du pays.

Le colonel Francisco Diaz Davila, se sentant embarrassé, vint me trouver. Ce fut la première fois qu'il entra chez nous. Je le reçus avec beaucoup de civilité, surpris d'une visite aussi inopinée. Après les compliments ordinaires, il m'exposa le vrai sujet de sa venue, et me dit qu'il avait à me demander conseil. Après m'avoir fait son exposé, auquel je donnai toute mon attention, et m'avoir dit qu'il était résolu de plutôt faire perte de tout son bien que de souffrir les Révérends Pères Jésuites dans cette mission, connaissant bien, disait-il, leurs desseins et leur adresse pour se rendre maîtres des lieux où ils pouvaient mettre les pieds, et quantité d'autres choses que la passion lui faisait leur supposer.

Je lui dis formellement ces paroles : « Monsieur, est-ce tout de bon que vous me demandez conseil? — Oui, mon Révérend Père, je vous l'assure en homme d'honneur, » me dit-il. — « Permettez-moi donc, répliquai-je, de vous dire bien sincèrement mon sentiment. Je sais, Monsieur, que vous êtes un homme d'esprit et de bon sens; mais très souvent on est aveugle dans sa propre cause. » Et, reprenant tout ce qu'il m'avait dit, je lui fis voir d'une manière très claire qu'il se trompait grandement. Pour le convaincre plus sensiblement encore de son erreur, je lui demandai combien il estimait la perte qu'il craignait par l'établissement de cette mission, à laquelle il s'opposait si fortement, et, sans plus attendre sa réponse, je la mis au plus haut prix où elle aurait pu aller.

« Il est vrai, » dit-il. — « Eh bien ! Monsieur, lui dis-je, est-ce agir en homme de bon sens que de vouloir plutôt risquer tout son bien, que de risquer si peu de chose? Mais, avec votre bien, vous risquez votre honneur et votre salut, vous opposant au service de Dieu et au salut des âmes de ces pauvres Indiens, que le Roi de Portugal a tant à cœur, et pour lequel le Pape lui a accordé en propre les terres du Brésil. Un chrétien doit, pour de si glorieux sujets, être prêt à donner tout ce qu'il a. Jésus-Christ a racheté ces pauvres âmes au prix de son sang, et vous voudriez, pour un intérêt de rien, empêcher leur salut? De plus, on ne vous demande rien du vôtre, en faisant la mission parmi les Gentils. Vous craignez seulement qu'on ne vous demande ou qu'on usurpe quelque petit morceau de toute cette vaste étendue de terrain que vous possédez par bienfaits successifs du Roi, lequel ne vous a jamais donné ni p^r vous donner ce qui est de toute nécessité aux Indiens. Il le déclare d'une manière toute formelle dans les provisions qu'il vous a accordées, et, quoique les Indiens ne réclament pas contre ce que vous voulez prendre de leurs terres, parce qu'ils n'en ont réellement ni l'esprit ni le pouvoir, néanmoins, si vous prenez à ces pauvres Indiens ce qui leur est nécessaire, vous faites contre l'intention du Roi et contre la justice. »

Je continuai : « Il sera temps de défendre le vôtre quand on voudra l'usurper; mais, empêcher la mission par crainte qu'on ne vienne à vous usurper quelque chose, c'est une violence qu'on ne souffrira jamais. Je dis plus : Quand même vous pourriez le faire, le devriez-vous? Seriez-vous justifié devant Dieu?

» Quoi! Monsieur, vous avez fait des libéralités de conséquence à des personnes et à des particuliers qui vous sont bien peu utiles et peut-être, reconnaissez-le vous-même, peu reconnaissants; et vous refusez à Jésus-Christ, pour le salut des âmes rachetées par son sang, une petite portion de ce qu'il vous a donné! Supposez même qu'on vous demandât en propre ce lieu, dont il s'agit, lequel néanmoins on ne vous demande pas, et qu'on ne vous demandera peut-être jamais.

Je lui donnai, enfin, tant de raisons, et lui fis des morales si sensibles, qu'il ne me pût répondre. Je conclus en lui disant que, s'il agissait en chrétien, il en recevrait assurément la récompense, et devant Dieu, et même devant les hommes ; qu'il eût prévenu un procès qui lui serait fâcheux et très coûteux ; qu'on rappellerait tout le passé ; que les Jésuites étaient très puissants à la Cour ; que le confesseur du Roi, qui était un Jésuite, était homme à représenter fortement au Roi son obligation là-dessus ; qu'on lui donnerait des épithètes très odieuses dans les plaidoyers, et que le seul nom d'ennemi de la mission gendarmerait tout le monde contre lui ; que les Jésuites étaient sur les lieux pour l'accuser, et qu'il ne pourrait agir que par procureurs, auxquels il faut de grands présents dans une cause de cette nature pour avoir de la faveur, et que, s'il eût offert généreusement lui-même aux Révérends Pères Jésuites le lieu dont il s'agissait, s'il eût aidé à bâtir l'église, et se fût montré zélé pour la mission, c'eût été le moyen d'attirer sur lui les bénédictions de Dieu et l'estime de tout le monde ; il eût obligé les Révérends Pères Jésuites à devenir ses panégyristes ; qu'il savait fort bien qu'ils rendaient de grands services à Dieu, et édifiaient beaucoup le prochain par leurs bons exemples et par leurs prédications et leurs doctrines, ce qu'il ne pouvait contester. « Voilà, Monsieur, le conseil que je vous donne et je crois vous le donner bon. »

Je finis là. Mais la conférence avait duré plus d'une heure et demie. Il me remercia fort civilement, et me dit qu'il partirait le lendemain matin pour sa maison de la Torre, qu'il réfléchirait sur ce que je lui avais dit, et, dans cinq jours au plus tard, me donnerait sa résolution.

Dès le lendemain, deux Révérends Pères Jésuites vinrent me trouver de la part du Révérend Père Recteur, et me contèrent bien au long tout leur démêlé avec le colonel Francisco Diaz Davila. Je me fis ignorant du fait, ne jugeant pas à propos de leur découvrir ce que j'avais appris, le soir précédent, du même colonel. Après leur exposé, ils me dirent qu'ils étaient résolus de pousser vigoureusement l'affaire, et qu'infailliblement ils en auraient tout le succès qu'ils pouvaient désirer, plusieurs plaintes ayant déjà été portées contre lui à la Cour, par le passé, pour de semblables sujets; qu'on le connaissait là pour ennemi de la mission par intérêt; qu'ils venaient me prier, de la part du Révérend Père Recteur, de me joindre à eux; qu'ils feraient tous les frais et toutes les diligences nécessaires; que je n'avais seulement qu'à joindre mes plaintes avec les leurs.

Je leur répondis, après les avoir remerciés vivement de la part qu'ils me faisaient de leur affaire, qu'il y avait bien peu de temps que nous jouissions de la paix; qu'elle nous était très chère et nécessaire pour notre mission, étant étrangers; que, d'ailleurs, je leur pourrais peu servir; que, leur crédit à la cour de Portugal étant fort grand, ils n'avaient pas besoin de moi pour si juste cause.

Ils me répliquèrent, pourtant, que je leur servirais beaucoup, lui ayant déjà, moi tout seul, donné bien de la peine, et l'ayant même mis en péril d'être renvoyé en disgrâce.

« Il est vrai, dis-je, mes Révérends Pères, que

j'ai eu de très grosses et de très graves affaires avec lui ; mais, pour cela, je n'ai aucune copie des manifestes, ni autres écrits que j'ai pu faire contre lui. »

Ils me répondirent encore, que je ne m'en misse pas en peine, qu'ils avaient eux-mêmes tiré des copies de tout ce que j'avais écrit.

J'en fus extrêmement surpris, et je compris alors la raison pourquoi, lorsque je faisais voir au Révérend Père Provincial, ou au Révérend Père Recteur, ces divers écrits, afin de voir s'il n'y avait rien à corriger ou à ajouter dans le style, ils me les gardaient des huit et quinze jours avant de me les rendre. Il est vrai que je plaidais leur cause en leur communiquant ainsi tous mes écrits ; car je voyais qu'ils me marquaient de l'affection, et qu'ils m'avaient quelquefois rendu service, et je comprenais bien qu'ils étaient très intéressés dans le bon succès de mon affaire, ayant été fort mal traités avant moi par le dit colonel, comme j'ai dit ci-dessus.

Me voyant donc sans excuse, à moins de les désobliger et de me montrer ingrat des services qu'ils m'avaient rendus, je leur dis : « Mes Révérends Père, la chose est de conséquence ; elle mérite que j'y pense sérieusement, et il faut que je la communique aux Religieux. Quoique j'aie porté seul le faix de toutes les affaires, je sais bien qu'ils auront de la répugnance à consentir que je m'engage à présent dans de nouveaux embarras, bien que le succès des précédents ait été assez heureux. Mais, comme j'ai du zèle pour la mission, et que je crois que le Révérend Père Recteur en est persuadé, je vous prie de lui dire de ma part que je le prie d'agréer que je prenne cinq jours de délai avant de lui donner ma dernière résolution, et qu'ensuite je lui donnerai la satisfaction qu'il me demande, si quelque chose dont j'attends la résolution ne réussit pas. » J'entendais parler du succès de ma conférence avec le colonel Francisco Diaz Davila, qu'ils ignoraient, et dont je ne pouvais prudemment, ni même charitablement, leur donner connaissance. Là-dessus, ils partirent assez satisfaits, me sembla-t-il, de ce que je leur dis.

Le colonel Francisco Díaz Davila retourna un jour plus tôt que le temps fixé à la ville de la Baye, et, après avoir conféré avec ses amis sur le conseil que je lui avais donné, et y avoir lui-même réfléchi très sérieusement, ils conclurent tous qu'il fallait le suivre. Aussitôt, il fut trouver le Révérend Père Recteur des Jésuites; il lui dit qu'il avait entièrement changé de sentiments à leur égard, après avoir bien réfléchi sur ses devoirs de chrétien. « Bien loin, lui dit-il, de vouloir désormais m'opposer à votre mission, je veux vous y aider. Ce n'est pas la mauvaise volonté qui m'a fait agir, mais la suite des choses. Convenons d'arbitres; j'en passerai par où ils voudront, et je veux même ajouter de ma volonté plus qu'on ne le pense pour le bien de la mission. »

Le Révérend Père Recteur assembla tous ceux de son conseil. L'affaire fut aussitôt portée devant Monseigneur l'Archevêque et Monsieur le marquis des Mines, pour lors Gouverneur. On assembla les principaux de la Relation (c'est ainsi qu'on désigne le Parlement du lieu). Ils convinrent facilement des conditions de part et d'autre, le colonel Diaz Davila étant à présent disposé à tout accorder. Ils passèrent un acte authentique, ou transaction, de leur convention, et tous demeurèrent contents.

Ainsi, cette fâcheuse affaire se termina par mon conseil, qui fut suivi ; mais les Révérends Pères Jésuites n'en surent rien, parce que le colonel Francisco Diaz Davila me demanda le secret, et je le lui promis. Il voulait cette gloire, d'avoir de son mouvement fait ce qu'il fit à la vérité.

MON DÉPART POUR LISBONNE. FIN LAMENTABLE DE DIAZ DAVILA.

J'étais sur le point de m'embarquer dans ce temps-là, à cause de mes continuelles infirmités, qui me rendaient incapable de servir davantage, sans espérance de me rétablir autrement que par le secours des bains chauds de Portugal, d'après le sentiment de tous les médecins. J'étais affligé d'un rhumatisme universel, qui m'aurait dans peu de temps interdit le mouvement de tous les membres du corps.

Monsieur le Marquis des Mines eut beaucoup de la peine à me laisser partir ; mais, lui ayant dit que c'était pour retourner après avoir tout à fait recouvré ma santé, il y consentit. Il eut la bonté de m'offrir sa frégate pour passer en Portugal, avec la table et la chambre du capitaine, promettant que rien assurément ne me manquerait. J'acceptai son offre avec de grands remercîments, comme j'y étais obligé ; mais un marchand flamand, nommé Carlos de Moor, que j'avais assisté malade, s'embarquait avec tous ses effets sur un sien navire. Il me fit tant d'instances, me disant qu'en ma considération il avait mis tout son bien dans son navire, et avait fait de la dépense à mon occasion pour le matelottage.

m'assurant qu'il n'y aurait que lui et moi dans la chambre du capitaine, avec chacun son lit, que je fus obligé de prier Monsieur le marquis des Mines de l'avoir agréable. Je lui contai tout, et ce marchand alla lui-même l'en prier. Il lui accorda ce qu'il demandait, et tout fut disposé pour partir.

Cependant, le colonel Francisco Diaz Davila apprit mon départ quelques jours après, son agent l'en ayant informé par un exprès à sa maison de la Torre. Il m'envoya aussitôt quatre grands moutons fort gras, et ordre à son agent de me donner deux bœufs pour mon matelottage, et tous les rafraîchissements que je voudrais prendre.

Il m'écrivit une lettre fort obligeante, se plaignant de ce que je ne l'avais pas averti de mon dessein, disant qu'il aurait fait les choses de la belle manière. Il fit délivrer en même temps deux cent cinquante livres pour notre bâtiment, promettant d'y contribuer encore dans la suite. Le couvent était déjà bâti; mais l'église ne l'était pas, et nous devions bien à l'archevêque deux mille francs. J'acceptai seulement les quatre moutons et l'aumône pécuniaire pour le bâtiment, n'ayant besoin d'aucune chose, et laissai trois moutons aux religieux; nous en mangeâmes seulement un ensemble. Je n'emportai rien, que l'habit, le manteau et notre Bréviaire; le reste me fut fourni abondamment par le marchand susdit.

Je remerciai le colonel Francisco Diaz Davila par une lettre, la plus civile qui me fut possible, le priant de bien vouloir continuer l'honneur de son amitié à nos missionnaires, lui promettant à mon tour de revenir et de lui apporter une paire d'Heures qu'il me demandait. C'était, sans doute, mon véritable dessein.

Ainsi notre capital ennemi devint notre ami par nécessité, son besoin l'ayant obligé de revenir à moi ; et je le servis très utilement pour lui.

C'est à peu près ce qui arriva à cet homme dont j'ai parlé, qui alla à la Baye travailler contre nous, et qui se vit ensuite réduit à la pauvreté, ayant perdu tout ce qu'il avait amassé en dix ans, et qui montait à cinq ou six mille francs. Il fut haï et abandonné de tout le monde, et réduit à chercher asile chez nous, dans l'île d'Ouracappa, où le Père Bernard de Nantes le reçut très charitablement.

Notre voyage fut de trois mois entiers, jour pour jour, de même qu'avait été mon premier voyage de Lisbonne au Brésil. Il fut heureux par les soins qu'on prit de moi, sans lesquels j'étais fort en danger de mourir dans le passage, où moururent deux autres qui retournaient à Lisbonne pour cause d'infirmité, n'ayant pas été assez soignés.

Le colonel Francisco Diaz Davila apprit par la flotte suivante que je ne retournerais plus au Brésil, parce qu'on n'y laissait plus désormais des Capucins Français, par suite d'un différend né entre la cour de Rome et celle du Portugal au sujet des missionnaires. La cour de Portugal exigeait de tous les missionnaires étrangers un serment de fidélité qui, au commencement, était très légitime dans sa forme, et même dû de droit naturel et divin. Dans la suite, on apporta mal à propos du délai à le faire ; la cour de Portugal en conçut quelque défiance, et y ajouta des circonstances tellement onéreuses, que la Sacrée Congrégation défendit de le prêter. Ainsi, tous nos

truit de tout ce qu'il devait faire en entrant dans la salle, si on l'appelait, et comment il se devait présenter devant Sa Majesté, pour lui baiser la main, s'il lui accordait cet honneur. Il s'acquitta parfaitement de tout ce que je lui avais enseigné ; le Roi le caressa devant moi, et lui permit de lui baiser la main. Je l'avais déjà prévenu que son père était un bon chrétien, et qu'il avait rendu de très bons services à Sa Majesté, dans les occasions de guerre où il avait été obligé de se battre avec tous ses soldats.

Je fus ensuite rendre mes respects à Monseigneur le Nonce, nommé François Picolomini, archevêque de Rhodes, qui est ensuite mort à Paris dans sa nonciature. Je ne saurais exagérer les honnêtetés qu'il me fit, et les marques d'estime et de tendresse qu'il me donna, après avoir appris les fruits de ma mission et le temps que j'y avais passé. Il m'obligea à faire cette petite Relation qui fait le commencement de celle-ci. Il l'envoya à la Sacrée Congrégation après l'avoir lue, et me promit toutes les faveurs qui dépendraient de lui, à Rome et en Portugal, pour notre mission. Il eut même la bonté d'écrire deux fois à notre Révérend Père Provincial, pour lui demander encore un plus grand nombre de missionnaires. C'était, pour lors, le Révérend Père Ange de Saint-Brieuc.

J'eus encore l'honneur de rendre mes respects à Monseigneur l'Ambassadeur de France, Monsieur Amelot, qui voulut voir ma petite Relation, et la garda quelques jours.

J'allai encore faire la révérence à deux Ministres de l'État, à cause de nos missions. Le premier s'appelait Monsieur le Comte de Licerna, fort ami des Capucins, fort savant, qui actuellement travaillait à l'histoire du Brésil, qu'il dictait en latin à un de ses secrétaires, et m'en faisait lire quelque chose. Il me demanda si je n'avais rien de remarquable à y ajouter. Je lui dis ce qui me paraissait digne d'y être mis, et il l'y inséra aussitôt.

Tous ces bons accueils furent, en partie, l'effet des lettres obligeantes qui avaient été écrites à la Cour en faveur de notre mission par Monseigneur l'Archevêque et Monseigneur le Gouverneur de la ville de la Baye, et surtout d'une lettre écrite par Monsieur le Secrétaire d'État du Brésil, pleine d'éloges magnifiques sur nos missions. Il m'honorait très particulièrement de sa haute amitié, et je le voyais très souvent.

FIN DE LA MISSION.

J'assistai au sacre du nouvel Archevêque de la Baye, qui était encore un religieux de l'ordre de Saint-François, et à celui des évêques de Pernambouc et de Rio de Janeiro, sacrés le même jour par le Cardinal Don Verissimo Dalencastro. Je fus leur baiser la main à leur appartement.

Quelques jours après, Monseigneur l'Archevêque de la Baye me convia de me rembarquer avec lui, me faisant l'honneur de m'offrir sa table et une chambre commode dans son vaisseau, afin, me dit-il, de l'instruire, dans le voyage, de l'état du Brésil, surtout en ce qui regarde les ecclésiastiques. Je lui donnai ma parole avec remercîment. Il me promit d'ordonner mon petit Indien, et de lui donner plus tard un bénéfice, si je le rendais capable : il avait beaucoup d'esprit, et était très vertueux.

Mais toutes les choses changèrent. Je ne pus repasser au Brésil; il en fut de même de tous les autres missionnaires. Ce petit Indien, obligé de retourner à son aldée, fut tué dans une guerre où il alla pour le service du Roi; il était capitaine.

Je partis de Lisbonne le dix-neuf décembre, et j'arrivai à Saint-Malo le vingt et un janvier seize cent quatre vingt-huit, après avoir essuyé une tempête affreuse, qui dura douze jours entiers, et qui, par surcroit, pensa tous nous faire périr.

Le vaisseau fut fort endommagé, et on fut malheureusement obligé de jeter à la mer la pesanteur de vingt ou vingt-deux tonneaux de marchandises, pour l'alléger.

J'ai été, depuis mon départ de France jusqu'à mon retour, dix-sept ans dans ce lointain et périlleux voyage, moins pourtant trente neuf jours. Dieu soit à jamais béni, glorifié, loué, qui m'a délivré de tant de périls !

SUIT UN RÉCIT SUCCINCT D'UNE TRADITION DE CES PAU-
VRES INDIENS, DONT ILS FAISAIENT UN POINT DE LEUR
FOI ET DE LEUR RELIGION, QUI FAIT VOIR L'EXTRA-
VAGANCE DE LEUR ESPRIT, ET QU'ILS NE SE SERVAIENT
POINT DE LEUR RAISON SUR CE SUJET, NI EN LA
PLUPART DES AUTRES QUI REGARDAIENT LEUR CULTE.

Ils m'ont conté plusieurs fois que le grand Dieu
du ciel, qu'ils appelaient Touppart, avait envoyé en
terre un sien grand ami pour demeurer avec eux,
qui vivait comme eux, et était nu comme eux. Il
paraissait vieux, et ne sentait aucune faiblesse de la
vieillesse. Ils s'apercevaient, de fois à autre, que la
rède où il couchait était fort belle et blanche, quoiqu'elle parût semblable aux autres de jour. Ils l'appelaient leur Grand Père; ils avaient recours à lui
pour tous leurs besoins, et il y pourvoyait.

Un jour, il leur prit envie de manger des pour-
ceaux sauvages, ou sangliers de ces lieux-là, que
nous appelons en France marcassins. Ils en deman-
dèrent à leur Grand Père, qui leur en promit. Ils
sortirent tous de leurs maisons, et furent, à leur
ordinaire, chacun à son petit travail, laissant seulement les enfants sous dix ans avec ce Grand Père.
Il les appela tous, les uns après les autres : « Venez
à moi, mes petits enfants. » Ils vinrent tous; puis,
leur frappant de la main sur la tête, il en fit des
marcassins; il les congédia. Leurs pères et mères
retournèrent sur le midi, et, ne trouvant plus aucun
de leurs petits enfants, ils se doutèrent que leur
Grand Père avait fait quelque chose; mais ils

n'osèrent lui demander où étaient leurs enfants, parce qu'ils le craignaient beaucoup. Pour lors, il leur dit : « Vous m'avez demandé des marcassins (dans leur langue c'est *Malanhoua*) ; allez à la chasse, et vous en trouverez. » Ils furent à la chasse ; mais le Grand Père les prévint, et fit monter tous ces marcassins dans le ciel par un grand arbre qu'ils rencontrèrent, qui touchait jusqu'au ciel, et le Grand Père monta avec eux. Ceux-ci s'aperçurent que les marcassins étaient montés au ciel par cet arbre. Ils y montèrent aussi après eux ; mais il leur fallut beaucoup de temps. D'abord qu'ils furent entrés, ils rencontrèrent quantité de marcassins ; ils coururent après, et en tuèrent bon nombre. Cependant, le vieillard, les ayant aperçus dans le ciel, à la chasse des marcassins, commanda aussitôt aux fourmis d'abattre ce grand arbre, par où ils étaient montés. Elles se mirent aussitôt en devoir d'obéir. C'est une espèce de fourmis rouges, qui ont deux petits becs, ou cornes, à la tête, avec lesquels elles coupent facilement les feuilles des arbres. Les crapauds s'assemblèrent pour empêcher les fourmis ; ils ceignirent l'arbre de leurs bras. Les fourmis, pour leur faire quitter prise, les piquèrent rudement sur le dos, et ils quittèrent prise en effet, à cause de la douleur de la piqûre, et c'est de là que les crapauds ont la peau rude et comme boursoufflée sur le dos. Ces fourmis jetèrent donc ce grand arbre en bas ; de sorte que les Cariris, leur chasse faite, voulurent descendre du ciel par le même arbre ; mais, le trouvant renversé, ils furent fort étonnés et fort en peine. Ils tirèrent plusieurs coups de flèches à cet arbre pour le faire relever. Il faisait, en effet, des efforts, et se relevait à demi, mais retombait tout aussitôt.

Ils se résolurent donc d'attacher leurs ceintures bout à bout, pour en faire une corde pour descendre ; mais, la corde étant trop courte, ils tombèrent les uns après les autres, et se brisèrent les os. C'est de là, disent-ils, que nous avons les doigts des mains et des pieds rompus en tant d'endroits, et que nous plions le corps, par les ruptures que nos parents souffrirent en cette chûte. Enfin, ils retournèrent dans leurs maisons tout rompus. Chargés de chasse, ils firent grande chère aux dépens de leurs enfants changés en marcassins. Ensuite ils prièrent leur Grand Père de retourner avec eux ; mais il n'en voulut rien faire, et leur donna le tabac pour tenir sa place ; ils l'appellent *Batzé*. C'est pourquoi ils font des offrandes au tabac en certaines occasions.

La plupart de leurs autres traditions, en matière de religion, ne sont guère plus raisonnables : ce qui fait voir l'excès de leur aveuglement avant d'être chrétiens.

Ils en ont une autre aussi ridicule, au sujet des femmes. Les Cariris étaient en grand nombre, et n'avaient point de femmes, sinon une seule, qui était belle et jeune, mais point encore mariée. Ils prièrent leur Grand Père de leur donner des femmes. Il leur en promit, et les envoya tous dehors à la chasse ; ensuite, il dit à cette jeune femme, ou fille, qu'elle eût à venir lui tuer des poux dans la tête. Elle obéit, mais s'endormit et mourut. Il la divisa en autant de morceaux qu'ils étaient d'hommes, et leur donna à chacun son morceau, leur commandant de l'envelopper dans du coton, et de le pendre à certains endroits de leurs maisons, qu'ensuite ils allassent tous à la chasse, et ne retournassent qu'après quelques jours. Ils revinrent au temps marqué; ils entendirent, en approchant de leurs maisons, toutes ces femmes, qui étaient déjà tout occupées à préparer à manger à leurs maris.

Il ne se peut rien imaginer de plus extravagant. Cela suffit à faire connaître leur bêtise, et à montrer combien il a fallu travailler pour en faire des hommes raisonnables, et ensuite et surtout de bons chrétiens.

LAUS DEO, MARIÆ, FRANCISCO.

APPROBATIONS.

APPROBATION DE NOTRE T. R. P. GÉNÉRAL.

Nos Frater Augustinus a Tisana, Ordinis Fratrum
Minorum Capucinorum Minister Generalis, licet imme-
ritus. Cum opusculum cui titulus est : *Relation de ce qui
s'est passé dans la Mission du Brésil*, etc., a Reveren-
dissimo Patre Martino Nannetensi, ordinis nostri con-
cionatore et guardiano compositum, duo theologi ejusdem
ordinis nostri examinaverint, facultatem facimus ut impri-
matur, si iis quorum interest ita videbitur.

Datum in conventu nostro Altestensi, in provincia
Veneta, die 27 septembris 1706.

F. AUGUSTINUS, qui supra.

APPROBATION DU R. P. ANASTASE DE NANTES,

PROVINCIAL.

Nous, Frère Anastase de Nantes, provincial des Capucins de la province de Bretagne, donnons la permission,
autant qu'il est en nous, de faire imprimer une Relation
de ce que les Pères Capucins ont fait dans les Missions du

"

Brésil, composée par le Très Révérend Père Martin de Nantes, prédicateur capucin, lorsque deux théologiens de l'ordre, l'ayant lue, lui auront donné leur approbation, et qu'on aura tout ce qui est requis.

Donné dans notre couvent de Saint-Brieuc, le 14 d'août 1706.

F. ANASTASE, comme dessus.

APPROBATION DES THÉOLOGIENS DE L'ORDRE.

Dans la morale, autant et mieux que dans le naturel, les contraires servent à se faire connaître ; et sans doute nous estimerions plus notre dignité et notre qualité de chrétiens, si nous nous représentions, à l'opposite, la honte et la misère de l'état des hommes qui ne le sont pas. Nous pouvons tirer ce précieux fruit de la lecture de cette Relation, que donne au public notre Très Révérend Père Martin de Nantes, capucin de notre province de Bretagne, à présent gardien de notre couvent à Quimper, autre fois missionnaire apostolique dans nos missions du Brésil, qui, joint à celui que son zèle y a fait pour le salut de ces pauvres idolâtres, augmentera la gloire de Dieu par la conversion des nôtres, que ce parfait évangélique prétend dans tout son livre, où il s'est pour cela référé à un style fort naïf et simple, lequel, ne contenant d'ailleurs rien qui ne soit conforme à notre sainte foi, je le juge digne d'être imprimé.

A Morlaix, ce 3 septembre 1706.

F. LAURENT de Guingamp,
prédicateur et lecteur en théologie.

AUTRE APPROBATION.

J'ai lu cette Relation, et je crois qu'on en apprendra la sagesse que l'Ecclésiastique (Ch. 8, ῥ. 9 et 10.) nous promet de la lecture dé celle que les personnes plus prudentes nous laissent de leur conduite dans les rencontres les plus difficiles. Ainsi, je l'approuve.

A Morlaix, ce trois septembre 1706.

F. AUGUSTIN de Quimperlé,
Capucin, prédicateur et lecteur en théologie.

PERMISSION DE M. LE GRAND VICAIRE.

Nous permettons de faire imprimer la Relation ci-dessus.

JACQUES FURIC, prêtre,
Vicaire Général du Chapitre, *sede Episcopaʼi vacante*.

TABLE DES MATIÈRES.

SECONDE RELATION.

IMPRIMERIE VEUVE H. CASTERMAN. (216)
TOURNAI (BELGIQUE). — PARIS, 66, RUE BONAPARTE.

9 782019 233181